세종대왕
자녀교육법

600년 만에 밝혀진 세종대왕 자녀교육 비법

세종대왕 자녀교육법

|이상주 지음|

다음생각

오늘날에도 빛나는 세종대왕의 자녀교육 비법

유네스코가 수여하는 세종대왕상(King Sejong Prize)이 있다. 세계의 문명 퇴치에 공이 있는 개인이나 단체에게 주는 상이다. 1990년부터 수상자가 배출되고 있는 이 상은 '교육왕' 세종의 위대함을 다시 일깨우게 한다. IT, 나노, 경제발전, 소득향상, 인권, 민주, 배려 등 인간사 모든 것의 처음과 끝에는 교육이 자리하고 있다. 교육은 사람이 사람답게 살아가기 위한 지식, 기술, 가치관 등을 배우는 것이다. 인간 형성의 과정이고 사회 발전의 원동력이다. 교육의 대표적 수단이 말과 글이다. 한국의 문맹률은 1% 미만이다.

이는 세계 최고의 과학적인 글인 한글과도 관계가 깊다. 우리나라의 비약적인 경제발전 원동력 중 하나는 쉽게 익히고 쓸 수 있는 한글 덕분이다. 쉬운 한글 덕분에 지식을 넓히고, 생각을 깊게 하고, 표현을 바르게 하는 시민으로 성장했다. 세종대왕이 창제한 한글은 계층을 뛰어넘는 정보 공유 의미가 있다. 이는 인격성숙, 민주의식 함양, 문화와 문명 발달로 이어진다.

독서의 화신, 교육왕인 세종이 다스리던 15세기 조선은 세계 최강 문화국가였다. '과학사 기술사 사전'에 의하면 당시에 세계를 뒤흔들 만한 과학기술 업적이 조선 21건인데 비해 중국은 4건, 일본은 단 한건도 없다. 이는 세종 시대의 교육이 효과적이었다는 방증이다. 실제로 세종 통치시대에는 훈민정음이 창제되고, 세계 최초의 측우기, 자동 물시계 자격루, 해시계 앙부일구, 천문관측기구 혼천의, 농사직설 등 창의적이고 삶에 유용한 작품들이 쏟아졌다.

그렇기에 세종을 공부하고 배우는 것은 창의성과 실용성으로 다 함께 잘사는 문화의 나라를 만든다는 의미가 있다. 민족사에서 가장 위대한 성군으로 기억되는 세종은 한글 창제 등으로 백성의 삶을 넉넉하게 했다. 경제적으로도 그렇고, 인격적 대우에서도 그랬다.

그렇다면 왕은 18남 4녀의 자녀와 친족인 종친들에게는 어떻게 대했을까. 임금은 종친과 자녀 교육에 관심이 많았다. 그러나 국사를 책임진 왕이 가정교육에 매달릴 상황은 아니었다. 특히 세종은 새벽 4시 무렵에 일어나 밤늦게까지 나랏일을 고민해야 했다. 사(私)적인 관심에 시간을 할애하기가 쉽지 않았다. 그럼에도 불구하고 임금은 틈새 시간을 활용해 왕자와 공주 교육에 힘썼다. 왕의 자녀 교육은 왕조실록 등의 사서에 간헐적으로, 단편적으로 나온다. 지금까지 세종의 자녀교육에 대한 깊은 연구가 없는 결정적 이유다.

이 같은 상황에서 이상주 세종왕자 밀성군파종회 학술이사가 세종의 자녀교육에 관한 책을 집필했다. 사서에 기록된 한두 줄의 짧은 문장을 통해 당시 시대 상황과 왕실 안팎의 현실을 씨줄과 날줄로 더해 스토리를 찾아냈다.

넘침과 부족함을 떠나 자녀 교육 관점에서 인간 세종대왕을 접근한 시도는 의미가 깊다. 또 책에 나온 식탁대화, 동기부여, 자신감 고양법 등 세종의 자녀교육 대부분은 오늘날에도 의미가 깊은 교육법이라고 할 수 있다.

2019년 3월 15일

세종대왕영릉봉향회장 이윤주가 쓰다

세종이 자녀 능력을 100점으로 키운 10가지 방법

왕의 업무는 만기(萬機)로 표현된다. 하루에도 만 가지 기미라는 의미다. 임금이 조금만 빈틈을 보여도 권력누수 현상이 일 수 있음을 경계한 말이다. 또 왕의 업무가 하루에 1만 가지에 이를 정도로 많다는 뜻도 있다. 이처럼 군주는 늘 일에 치이고, 신하에게 눈길을 한시도 멈춰서는 안 되는 고된 자리다. 세종대왕은 하루 5시간 내외의 수면만 취하며 정무에 전념했다. 그 결과 걸출한 업적을 많이 남겼다.

성과는 노력과 판단의 결정체다. 또 선택과 집중의 결과다. 임금은 수면 외의 시간 대부분을 정무와 독서에 열정을 쏟았다. 수라를 들 때도 책을 놓지 않았다. 이는 자녀와 함께하는 시간이 많지 않음을 의미한다. 가정 소홀은 국왕의 숙명이기도 하다.

그렇다면 세종대왕은 18남 4녀의 자녀에게 살가웠을까. 세종은 왕자와 공주의 교육에 성공했을까. 결론은 아버지의 정다움 표현 시간을 자주 갖지는 못했다. 이러한 이유로 세종대왕의 교육은 인성교육의 아쉬움과 능력교육의 성공으로 볼 수 있다. 세종대왕은 너무나도 바쁜 일과로 자녀들과의 개인적인 시간을 갖기는 어려웠다. 하지만 자녀들의 능력을 키우는 데는 많은 노력을 기울였다. 이 책에서는 이러한 세종대왕이 자녀들의 능력향상에 어떠한 노력을 기울였는지 사료를 바탕으로 집중 조명을 했다.

세종의 둘째왕자인 수양대군은 정권을 잡는 과정에서 안평대군, 금성대군, 화의군 등 형제와 조카인 단종을 비명에 가게 했다. 이는 어떤 미사여구를 동원해도 부정적일 수밖에 없다.

반면 능력은 모두 걸출하게 구현시켰다. 문종은 아버지의 능력을 빼닮았다. 문학, 수학, 음악, 천문, 음운, 병법에 통달했다. 말타기와 활쏘기에도 능했다. 세조는 문무와 수학, 주역, 예능까지 두루 겸비한 다방면 천재였다. 안평대군은 그림과 글이 타의 추종을 불허할 정도였고, 광평대군은 수학과 천문학, 스포츠에 일가견이 있었다. 금성대군은 학문 능력이 뛰어났고, 평원대군과 영응대군은 기억력 수재로 책 한 권을 통째로 외울 정도였다. 임영대군은 군사 분야에 두각을 나타냈다. 정의공주는 수학과 음운에 능하고 불교에 조예가 깊었다.

지금까지 세종의 자녀교육에 대한 연구는 거의 없다. 세종을 포함한 왕들이 자녀교육에 신경 쓸 시간이 거의 없었다는 게 큰 이유일 것이다.

하지만 아버지로서, 왕으로서의 존재는 자녀에게 큰 영향을 미치게 된다. 왕의 의사결정, 행동, 대화 등을 보면서 배우게 된다. 세종의 자녀교육은 직접 훈육은 물론 왕의 일상생활에서도 찾을 수 있다.

그렇기에 세종의 자녀교육법을 구체적인 자녀 지도만으로 한정짓는 것은 어렵다. 또 기록도 그리 많지 않다. 하지만 세종의 일상의 삶으로 확장하면 자녀에게 영향을 미친 점을 다수 찾을 수 있다. 자녀를 사랑으로 대했고, 동기부여를 했고, 실용학문에 관심을 보였고, 학교의 교육제도에 관심을 둔 것 등이다.

세종이 자녀에게 긍정 영향을 미친 행동을 크게 10가지로 분류해 보았다.

첫째, 아이의 엄마 사랑이다. 부부금실은 자녀에게 평온을 선물한다. 정서가 안정된 아이는 매사 긍정의 눈으로 보며 두뇌도 활성화된다. 세종은 소헌왕후를 극히 예우했다.

둘째, 진정한 효도다. 임금은 자녀에게 효를 강조했다. 유교의 효는 부모가 숨져도 산 사람처럼 섬기며 제사를 중시한다. 그런데 상례에 지극하다 보면 몸이 상한다. 세종은 상례에 치중하다 건강을 잃는 것은 효도가 아니라고 교육했다.

셋째, 자녀와의 식사 대화다. 왕은 수라를 혼자 든다. 그러나 세종은 세 끼를 모두 세자와 함께 했다. 식사 대화를 통해 부자간의 정을 쌓고, 아들을 교육하려는 목적이었다.

넷째, 일벌백계를 한다. 세종은 자녀의 일탈에 애써 눈을 감았다. 하지만 임영대군이 여성 스캔들을 일으키자 직첩을 회수한다. 직첩은 신분의 표지다. 또 외부인의 방문을 금지시켰다. 세종은 한 명의 아들을 징계함으로써 다른 자녀의 바른생활을 유도한 것이다.

다섯째, 형제의 우애를 보여준다. 세종은 폐세자된 형 양녕대군을 끝까지 보호했다. 신하들은 정권안보에 위험이 되는 양녕대군과 효령대군을 제거하고자 했다. 특히 양녕대군에 대해서는 끊임없이 탄핵을 했다. 그러나 세종은 온몸으로 형들을 지켰다. 그 결과 두 형은 천수를 누렸다. 세종은 문종과 세조 두 아들에게 신하들의 형제 이간질을 주의하라는 유훈도 남겼다.

여섯째, 큰 그림을 그리게 한다. 세종은 농업에 각별한 관심을 기울였다. 이를 안 수양대군이 세종에게 청하여 후원의 못을 메워 밭으로 만들었다. 이에 임금은 대궐 북쪽 동산을 모두 밭으로 만들도록 했다. 수양대군은 모든 이들이 안 된다고 할 때 실천을 했다. 세종은 아들에게 더 큰 목표를 제시해 능력을 키운 것이다.

일곱째, 책을 선물한다. 책은 큰 동기부여가 된다. 임금은 공부를 열심히 하는 수양대군에게 자치통감을 선물했다. 이를 받은 수양대군은 천하의 모든 서적을 다 보겠다는 의지를 불태운다. 세종은 특정분야에 관심을 가진 아들의 능력을 끌어올리는 방법을 안 것이다.

여덟째, 스스로 하게 한다. 세종은 자녀교육에서 '네가 알아서 하라'는 입장을 보였다. 이는 아버지로서의 수준 높은 지극 정성이었다. 선택을 하게 한 뒤에는 간섭하지 않았다. 스스로 알아서 연구하고 해결하고 처리하도록 했다. 이 과정에서 책임감이 생기고, 창의적 문제 해결력이 키워지는 것으로 믿었다. 대신 아들이 전적으로 일을 할 수 있는 여건을 만들어주었다.

아홉째, 롤 모델을 소개한다. 세종은 왕자들의 학문 장려를 위해 수재와의 만남을 주선했다. 조선 최초의 3시 장원인 이석형을 위한 잔치를 베풀고 왕자들과 대화하게 했다. 공부 잘하는 사람이 먼 나라에 있는 게 아니라 바로 옆에 있음을 보게 했다. '나도 할 수 있다'는 동기부여를 한 것이다.

열 번째, 자신감을 갖는 3단계 교육을 한다. 세종의 왕자들은 외향적이었다. 그런데 유독 세자는 내성적인 편이었다. 왕은 세자의 자신감을 키워주기 위해 3단계 교육을 했다. 먼저 군사훈련에 참가시켜 호연지기를 키웠다. 또 스피치 교육으로 수줍음을 없앴다. 마지막으로 대리청정을 시켜 업무에 자신감을 갖게 했다.

세종의 자녀교육 특징은 다양한 활동이었다. 책읽기만으로는 보지 않았다. 여러 활동을 모두 인격도야의 좋은 방법으로 생각했다. 그렇기에 다양한 활동에 지장되는 정도의 지나친 독서에도 선을 그었다.

2019년 3월 15일 상도동 연구실에서 이상주 쓰다

1장 자녀교육은 사랑으로 시작하라

2장 아이에게 동기부여를 하라

3장 실용학문을 익히게 하라

4장 학교의 중요성을 알게 하라

1장

자녀교육은 사랑으로 시작하라

1

아이의 엄마를 사랑하라

"전하는 왕후가 나오고 물러갈 때에 반드시 일어나셨다. 그 공경하고 예로 대하심이 이와 같았다." 〈세종 28년 6월 6일〉

아이에 대한 최고의 교육은 무엇일까. 아이의 엄마를 사랑하는 것이다. 부부의 금슬이 좋으면 아이의 정서가 안정되며, 스트레스를 적게 받는다. 두뇌 활성화의 큰 적이 스트레스다. 영재 가능성은 스트레스 유무와도 관련이 있다. 뛰어난 두뇌를 지녔어도 가정의 불화가 계속되면 불안감에 시달리게 된다. 이 경우 아이의 두뇌 발달에 큰 저해 요인이 될 수 있다.

세종은 어머니 태내에서부터 부모의 지극한 사랑을 받았다. 유아 시절에는 아버지 태종의 따뜻한 가슴에서 포근함을 느꼈다. 세종은 사랑의 힘을 본능적으로 알고 있었다. 또 사랑이 체화되어 있다. 세종의 자녀교육 제 1조는 '아이의 엄마를 사랑하는 것'이다. 임금인 남편은 왕후인 아내를 지극히 사랑했다. 세종은 매사에 신중을 기하며 아내를 존중했다. 정인지가 지은 소헌왕후의 영릉지문에는 그 내용이 단적으로 기록돼 있다.

"왕후가 나오고 물러갈 때에 전하께서 반드시 일어서시니, 그 공경하고 예로 대하심이 이와 같았다."

공경할 정도의 사랑 모습이 그려져 있다. 왕후가 오고 갈 때 반드시 일어서는 예의를 차린 것이다. 이는 마음이 있어야 가능하다. 인자하고, 성스럽고 착한 아내에 대한 감사함의 행동이다. 소헌왕후는 조선의 왕비 중 남편과의 사이가 가장 좋았다. 조선의 왕비 중 가장 많은 자녀인 8남 2녀 출산이 그 방증이다. 또 내명부도 잘 다스려 왕실을 화합 분위기로 이끌었다. 이는 왕후의 성장 환경 덕분이기도 하다. 어릴 때 외가에서 자란 왕후는 외조부인 영돈녕부사 안천보의 사랑을 많이 받았다. 안천보가 연로하자 임금은 왕후에게 특별휴가를 줘 외가를 찾게 한다. 왕비나 후궁이 친정의 일로 궁을 나가는 것은 극히 이례적이다. 대부분의 왕비는 친정부모의 상을 당해도 대궐을 나가지 못하고 금천교 옆에서 곡을 했다.

"중궁이 어려서부터 외조 영돈녕 안천보의 집에서 커서 은의가 지극이 두터운 사이다. 지금 천보가 늙어 중궁을 보고파 한다. 중궁으로 하여금 그 집에 나

가서 보게 한다."〈세종 6년 11월 2일〉

안천보는 죽은 뒤 소의(昭懿)라는 시호를 받았다. 소(昭)는 용모와 의표가 공손하고 아름다운 것을 의미한다. 의(懿)는 온화하고 부드러우며, 현명하고 착한 것을 일컫는다. 시호를 통해 소헌왕후가 외가에서 받은 교육을 짐작할 수 있다. 바르고 고운 왕후를 시아버지인 태종은 직접 며느리로 선택했다.

그러나 왕후는 자신의 의지와 상관없이 국모가 되면서 친정이 사실상 멸문지화를 당했다. 친정아버지가 역적으로 몰려 자진하고 친정어머니는 관노비가 되었다. 또 왕실 번영의 미명 아래 지아비의 애정을 다른 여인들과 나눠야 했다. 시아버지 태종과 시백부 정종은 "종친이 튼튼해야 나라가 바로 선다"며 남편 세종에게 다른 여인들을 들여 더 많은 자손을 생산하도록 했다. 세종도 "임금은 한 여인의 지아비가 아니라 만백성의 어버이"라는 요청을 마냥 모른 체 할 수는 없었다. 임금은 여섯 명의 후궁을 두었고 10남 2녀를 더 얻었다.

하지만 여전히 세종의 마음 속 연인은 소헌왕후였다. 임금은 21년 1월 27일에 '신데렐라 여인' 신빈 김씨를 소의에서 귀인으로 승진시키는 안을 신하들과 논의했다. 이때 임금이 도승지 김돈에게 "소헌왕후에게 아들이 많으니 소의의 자식을 자랑할 것은 없지만~"이라고 했다. 이 대목에서 임금의 마음은 많은 여인 중에서도 소헌왕후에게 머물고 있음을 알 수 있다.

임금은 소헌왕후에 대한 감사의 마음을 직접 표현도 했다.

"우리 조정 이래로 가법이 바로 잡혔고, 내 몸에 미쳐서도 중궁의 내조에 힘입었다. 중궁은 매우 성품이 유순하고 언행이 훌륭하여 투기하는 마음이 없었다. 태종께서는 매양 나뭇가지가 늘어져 아래에까지 미치는 덕이 있다고 칭찬하셨다." 〈세종 18년 10월 26일〉

임금은 아내가 숨지자 그리움의 노래를 지었다. 훈민정음으로 쓰인 부처님 공덕 찬불가인 '월인천강지곡'이다. 또 경복궁에 내불당을 지어 왕후를 그렸다. 불교 융성을 염려한 집현전 학자들의 거센 반대에는 "이는 국가의 일이 아니라 짐(朕) 개인의 일이니 간섭하지 말라"며 의지를 굽히지 않았다.

왕과 왕후는 지고지순의 사랑을 한 것이다. 생과 사를 넘어 신뢰의 별빛과 사랑의 실개천을 잇는 불멸의 사랑이다. 어머니와 아버지의 다정한 나날, 사랑하는 모습은 왕자와 공주에게는 축복이었다. 많은 자녀는 어린 시절에 가정사로 인해 스트레스를 받지 않았다. 평온한 상태에서 유년시절을 보낼 수 있었다. 여기에 천재 왕자들의 비밀이 숨어 있다. 소헌왕후와 세종은 서로 행복한 부부생활을 했다. 자녀에게 주는 최고의 선물은 부부의 행복한 삶이다. 사랑하는 부부가 자녀를 사랑한다.

TIP 부부금슬과 자녀학습

공부 잘하는 아이로 키우는 방법은 여러 가지가 있다. 유능한 선생님 모시기, 유명 학원 등록, 수많은 서적 구입 등 대부분 돈이 드는 방법이다. 그러나 돈을 거의 쓰지 않으면서도 가장 효과적인 교육 방법이 있다. 화목한 가정을 만드는 것이다. 부부 금슬이 좋고, 형제 관계가 좋으면 아이는 정서적으로 안정된다. 정서가 안정된 아이는 두뇌가 계발될 가능성이 높다. 이유는 호르몬인 코티졸(cortisol)에서 찾을 수 있다. 인체는 스트레스를 받으면 '코티졸'이 분비된다. 스트레스를 받은 인체에 에너지 공급 신호를 전달하는 호르몬이다. 이때 신경계의 교감신경 활동이 촉진되고, 아드레날린 등의 스테로이드 계열 호르몬도 함께 분비된다. 맥박과 호흡이 증가하고, 근육이 긴장된다. 정신적으로도 예민해진다. 스트레스가 지속적이거나 만성적이면 지방 축적과 근육 단백질의 지나친 분해로 인해 면역기능이 뚝 떨어진다. 또 두뇌의 해마 조직이 파괴될 수 있다. 해마는 기억과 감성, 즉 공부 능력에 관계된 부위다. 해마에는 코티졸을 알아보는 수용체가 많이 있다. 이곳의 세포가 죽으면 코티졸이 더욱 분비돼 뇌세포가 거듭 파괴되는 악순환이 일어난다. 위기가정의 자녀는 지속적으로 스트레스를 받는다. 두뇌의 해마가 파괴된다. 반면 정서가 안정된 아이는 스트레스가 적다. 건강한 해마의 유지로 영재가 될 가능성이 높아진다.

2

사랑으로 유발된 불교와 유교의 대립

"문소전 서북 빈터에 절을 짓고, 일곱 승려가 머물게 하라. 불당은 법당이 한 칸이고, 동서의 낭사가 각각 세 칸이며, 부엌도 세 칸이다."〈세종 30년 7월 17일〉

1936년 12월 11일 영국 BBC라디오에서는 특별한 전파가 흘렀다. 영국 국왕인 에드워드 8세가 유부녀인 심프슨 부인과의 혼인을 위해 퇴위 한다는 충격적 내용이었다. 그는 왕위에 오른 지 1년도 안 된 상태였다.

"사랑하는 여인의 도움과 지지 없이는 무거운 책임을 이행 해 나가기 어렵다는 것을 깨달았습니다. 왕위를 버릴 수밖에 없는 이유입니다."

에드워드 8세에서 윈저공으로 신분이 바뀐 그는 심프슨 부인과의 가연을 맺었다. 둘의 만남은 세기의 사랑으로 채색됐다. 그런데 윈저공은 왕관만을 버렸을 뿐이다. 대영제국을 담보로 세우지는 않았다. 소설 로미오와 줄리엣의 연인도 그랬다. 둘은 적대적인 가문의 반대를 무릅썼을 뿐이다.

이에 비해 세종은 왕위는 물론이고, 평생의 가치관, 나라의 정체성까지 모두 건 사랑을 했다. 인류 역사상 초유의 로맨스, 불멸의 사랑이라고 할 수 있다. 세종은 30년 여름에 2년 전 이승을 떠난 중전을 위해 경복궁에 불당을 건립했다. 이는 필연적으로 신료와 유생의 반대를 불러왔다. 날카로운 신경전이 계속되는 가운데 임금은 "나는 불교를 좋아한다"는 극단적인 발언을 한다. 유교가 국시인 나라에서 임금이 불교를 옹호했다. 세종의 행동은 세 가지 면에서 일대 사건이 아닐 수 없었다.

먼저, 왕위를 건 사랑이다. 임금이 유교의 나라를 포기하는 순간, 신변의 안전이 보장되지 않는다. 유교 입국은 조선의 개국 정신이기 때문이다. 사랑하는 여인을 위해 왕좌에 연연하지 않는다는 비장한 마음을 읽을 수 있다.

다음, 나라의 정체성과 배치된 사랑이다. 세종은 태조와 태종이 그토록 염원한 유교의 이상 사회 건설에 심혈을 기울였다. 하지만 연인을 위해 유교 이상사회의 가치관, 즉 나라의 정체성을 보류할 수 있음을 보였다. 사랑을 지키기 위해 나라 체제에도 잠시 눈 감는 대담함을 보인 것이다.

마지막으로, 자칫 혁명과 같은 정국 불안을 불러올 수 있는 폭탄 발언이다. 임금은 사랑을 이루기 위해 신하들에게 "불교를 좋아한다"고 했다. 이는 유교주의자들에게는 심각한 문제가 아닐 수 없다. 유교의 시각에서 왕은 하늘의 명인 천명(天命)을 받들어 나라를 통치하는 존재다. 그런데 왕이 왕답지 못할 때나, 백성을 위한 행동을 하지 않을 때는 천명을 거스른 것으로 본다. 이때는 명령을 바꾸는 혁명(革命)이 가능하다. 이것이 맹자의 혁명관이다.[1] 사대부들에게 백성을 위한 삶은 오로지 유교 이념에 충실한 행위다. 이단인 불교를 믿는 것은 왕답지 못한 처신이다.

왕후가 세상을 등진 2년 후 조선은 큰 충격에 빠진다. 대궐에 불당을 지으라는 임금의 한 마디가 시작이었다. 임금은 발표에 앞서 정승들에게 의사를 전했다. 예상대로 정승들은 '절대불가'를 외쳤다. 임금은 비서실인 승정원에 글을 내려 의정부가 따르도록 압박했다. 그러나 승지들이 글을 보자마자 즉각 결연하게 반대했다.

그러나 임금은 뜻을 굽히지 않았고, 숭유억불 사상으로 중무장된 유학자들이 벌떼처럼 일어섰다. 승지들의 집단반대를 시작으로 하루에도 몇 차례씩의 릴레이 반대상소가 계속됐다. 시간이 흐를수록 사태는 악화

1 맹자는 하늘의 명을 받들지 않는 군주는 갈아치울 수 있다고 보았다. 새롭게 천명을 받은 사람이 포악무도한 천자를 타도하는 역성혁명(易姓革命)의 가능성을 말했다. 〈맹자〉 '양혜왕 하'에는 제나라 선왕이 맹자에게 질문한다. "탕왕이 하나라 걸왕을 내쫓고 상나라를 세웠고, 무왕이 상나라 주왕을 죽이고 주나라를 세웠습니다. 신하가 임금을 죽여도 됩니까." 이에 대해 맹자는 "무왕이 한낱 소인배를 죽였다고 들었지, 임금을 시해했다는 소리는 듣지 못했습니다. 어짊과 올바름을 해치는 자는 군주가 아닌 소인배에 불과합니다." 맹자의 혁명관은 반정이나 왕조교체의 이론적 근거가 된다. 고려를 무너뜨린 이성계의 조선 건국도 맹자의 역성혁명관으로 설명될 수 있다.

돼 국정마비로 이어졌다. 문무 대신들과 유생들은 거듭 상소를 통해 임금의 결정을 신랄하게 비판했고, 집현전 학사들은 단식투쟁에 나섰다.

하지만 왕은 더욱 강해졌고, 타협 없이 공사를 강행했다. 경청을 하던 성군 세종의 모습 대신 '오기'를 부리듯 일침을 놓았다.

"그대들은 옛날과 요즘 일에 널리 박식하다. 그래서 불교를 멀리하니 가히 뛰어난 신하다. 하지만 나는 의리를 몰라 불법을 믿고 있으니 가히 무식한 임금이다. 번거롭게 다시 청하지 말라."

하지만 유생들의 반대는 요원의 들불처럼 번졌다. 분노한 임금은 "주자가 석가모니를 잘 몰라서 문제가 발생한다"는 극단의 논리를 주장한다. 즉 석가모니의 깊은 뜻을 주자가 잘 이해하지 못했고, 주자를 따르는 신하들의 말이 무식하니 따르지 않겠다는 것이다.

3

아내에 대한 사랑으로 위기에 처한 세종

조정의 모든 관원이 불당 건립 불가를 강하게 아뢴 것이 하루 이틀이 아닙니다. 그러나 전하는 모두 가볍게 여기고 듣지 않으십니다. 끝내 마음을 바꾸지 않으시면 신들이 성균관에서 편안히 책을 볼 수가 없습니다. 〈세종 30년 7월 25일〉

성균관 학생회장인 유상해의 상소다. 그는 서두에서 정부, 육조, 대간, 집현전 등 모든 신료가 왕의 내불당 정책에 반대함을 주장했다. 그럼에도 임금이 정책 철회를 하지 않으면 유생들이 길거리 시위를 하겠다는 것이다. 정면대결의 선전포고다.

세종은 외로운 섬 같은 존재가 되었다. 조정 관원 수백 명과 성균관 유생과 직원 2백여 명에 포위됐다. 왕 1명과 신하 1000명의 1대1000 대결 구도가 되었다.

절체절명의 위기다. 왕은 신하들의 전방위 압박을 단식, 가출, 선위 3단계로 돌파했다. 신하들의 계속된 상소 때마다 세종은 수라를 물렸다. 식사를 거르거나 허기만 때우는 단식의 방법이다. 또 불쾌감을 드러내며 궁 밖으로 나갈 뜻을 밝혔다. 임금은 전에도 이어(移御)를 여러 차례 했다. 그러나 이때의 의미는 다르다. 단순하게 바람을 쐬거나 건강관리, 민정시찰을 위한 순시가 아니다. '세자에게 선위를 한다'는 뜻이다. 실제로 상소가 올라오면 선위를 말했다. 의정부와 육조에서 임금의 이어 재고를 요청한 것은 선위로 이어짐을 우려한 까닭이다.

조선은 왕국이다. 관료들은 어느 정도는 왕의 눈치를 살필 수밖에 없다. 관료들은 세종의 강한 의지에 다소 멈칫했다. 이와는 다르게 생원과 진사 시험에 합격하고 유교국가의 이상을 실현하려는 인재들인 성균관 유생들은 달랐다. 그들은 성리학의 원리주의자들이다. 30년 7월. 정원 200명인 성균관 유생 대부분이 저녁 식사 뒤 강의실인 명륜당 앞뜰에 모였다. 국가 비상사태에 대한 시국대토론회가 열렸다. 유생들은 임금의 독단과 그 독단을 막지 못하는 관료들을 싸잡아 비판했다. 이들은 난상토론 끝에 구국의 결단으로 집단행동을 결정한다. 일련의 집단행동을 주도할 비상대책 위원장에 선임된 유상해는 수락 인사말에서 3단계 작전을 제시했다.

첫째, 유생 전원의 이름으로 불가함을 알리는 상소를 올린다. 둘째, 그래도 임금이 마음을 바꾸지 않으면 유생 전원 성균관 기숙사 퇴실 후 각자 고향 앞으로 가는 동맹 휴학을 한다. 셋째, 마지막 수단인 연대 파업이다. 국립대학인 성균관의 유생은 물론이고 고등학교급에 해당하는 서울의 사부학당 학생과 전국의 향교 학생들까지 동맹휴학으로 임금을 압박한다. 유상해를 대표로 한 유생들은 초강경 상소를 작성했다.

"신들은 궁성 동쪽에 절을 세운다는 소식에 커다란 충격을 받았습니다. 마음이 아프고 실망스러워 흘러내리는 눈물을 막을 길이 없습니다. 이 일로 태평의 정치가 끝났습니다. 만백성이 그리는 좋은 세상도 끝인가 합니다. 엎드려 청하옵니다. 불당 건립을 즉각 중단하소서." 〈세종 30년 7월 20일〉

문구는 협박이나 다름없었다. 불당을 건립하면 임금의 자격이 없다는 논조였기 때문이다. 그들은 목숨을 걸고 극단적인 표현을 한 것이다. 하지만 세종은 콧방귀를 뀌며 일언지하에 거절한다.

"왕후를 위한 일이기에 대신들의 간곡한 건의도 듣지 않았다. 그런데 너희들의 말에 중단할 수는 없다."

성균관 유생은 2단계로 대자보를 붙이고 동맹휴학을 감행한다. "이단인 불교는 흥하고 국교인 유교의 도리는 빛을 잃어간다. 이를 통탄스럽게 여겨 대성전에 하직하고 나간다." 대성전은 공자 맹자 등 유학의 성인들을 모시고 제사 지내는 곳이다. 이곳에 하직 인사를 했다는 것은 조선에서 유교의 이치가 사라졌음을 의미한다.

성균관 유생들은 자신들은 물론이고 한양의 사부학당 학생들과 동맹휴학에 들어갔다. 이들은 전국의 유생들과 연대를 추진했다. 성균관의 비상대책위원 일부는 단식투쟁에 나섰고, 일부는 시장의 상인들을 설득해 좌판을 걷도록 유도했다. 극한 상황으로 치닫고 있었으며 이미 정국은 마비가 될 정도였다. 조금만 더 악화되면 무정부 상태에 빠질 우려도 있었다. 초미의 대치상황은 20여일 계속됐다.

세종은 유생들의 거친 반대에 진노한다. 신료들과 유생들의 행동에 대한 대책을 이야기하다가 목소리가 커지곤 했다. 임금은 사사건건 발목을 잡는 이는 유생이든 대신이든 용서하지 않을 뜻을 거듭 밝혔다. 임금의 초강경 의지에 대신들은 성균관 유생을 설득했고, 끝내는 내불당이 완공된다. 세종의 아내를 향한 지극한 마음을 나라의 근간이던 유학마저 이기지 못한 것이다.

4

세종이 말하는 아내 사랑 방법

중궁은 성품이 매우 유순하고 언행이 훌륭하여 투기하는 마음이 없다. 태종께서 매양 나뭇가지가 늘어져 아래에까지 미치는 덕이 있다고 칭찬하셨다. 〈세종 18년 10월 26일〉

세종은 사랑의 아티스트였다. 어떻게 해야 연인의 마음을 얻는지 알았다. 세종의 연인을 향한 사랑의 행동은 다섯 가지로 볼 수 있다.

첫째, 지속적인 행동이다. 세종은 사랑의 마음을 행동으로 표현했다. 왕자 시절부터 아내를 예우했다. 왕자시절에 아내가 방 출입을 할 때면 항상 일어섰다. 관심과 공경을 표명한 것이다. 이는 등극한 이후에도 지속됐다. 둘째, 정비인 소헌왕후의 마음을 우선적으로 고려했다. 많은 후궁이 있음에도 중전의 침실을 끊이지 않고 찾았다. 셋째, 실제적인 권한을 부여해 신뢰감을 심었다. 신하들에게 중전과의 대화에서 신(臣)이라고 하게 했다. 왕조시대에는 임금에게만 신(臣)이라고 한다. 그러나 세종은 소헌왕후에게도 칭신을 하게 했다. 또 왕이 군사훈련인 강무 등으로 인해 도성을 비울 때는 왕권을 대행하게 했다. 세종 8년 2월 15일에 한양에 대화재가 일어났다. 이때 임금은 양주에서 강무를 하고 있었다. 왕은 출궁 전에 궁궐의 전권을 소헌왕후에게 맡겼다. 넷째, 공개석상에서 사랑을 확인했다. 어전회의 등에서 왕후의 좋은 점을 말했다. 18년 10월 26일에는 세자빈 문제를 상의하면서 승지 신인손과 권채에게 중전의 유순한 성품과 맑은 천성을 칭찬했다. 다섯째, 자녀 문제를 상의했다. 바쁜 업무지만 왕후의 자녀문제 상의에는 항상 귀를 열었다. 적극적으로 경청하고 같이 고민하고, 대처했다.

이 같은 왕의 깊은 마음을 왕후는 더 많은 사랑으로 화답했다. 소헌왕후의 신도비에는 다음구절이 나온다.

"인자하고 어질고 성스럽고 착한 것이 천성(天性)에서 나왔다. 중궁(中宮)에 오른 뒤로는 더욱 겸손하고 조심하였다."

아내는 지아비의 식사를 직접 확인했다. 수랏간 나인에게만 맡기지 않았다. 또 후궁에게 자녀를 양육하게 했다. 이를 통해 내명부의 단합된 모습을 보여주었다. 임금이 총애하는 여인을 질투하지 않고 더욱 보살펴 주었다. 여기에 단 한 번도 친인척에 대한 청탁을 하지 않았으며, 왕실에서 추구한 여인의 정치참여 금지의 뜻도 읽었다. 임금이 왕후의 권위를 세워줌에도 불구하고 실제적인 정치에는 눈길을 돌리지 않았다.

TIP 조선 최악의 부부

부부 관계가 최악이었던 왕은 성종과 숙종이다. 두 임금은 왕비에게 사약을 내린 비운의 주인공이다. 왕위를 계승한 아들도 말로가 좋지 않았다. 성종의 왕후는 폐비 윤씨다. 공혜왕후의 승하로 중전이 된 그녀는 질투에 눈이 멀어 후궁들을 해치려고 했고, 왕을 대할 때도 공손하지 않았다. 그녀는 폐비가 된 뒤 사약을 받았다. 성종과 폐비 윤씨 사이의 소생이 연산군이다. 어머니의 비극을 안 연산군은 이성을 잃었고, 정사를 제대로 돌보지 않아 중종반정으로 역사의 패자가 된다.

숙종의 아내는 희빈 장씨다. 후궁인 그녀는 훗날 경종이 되는 왕자를 낳았다. 이에 숙종은 왕비인 인현왕후를 서인으로 강등시키고, 희빈 장씨를 왕비로 올렸다. 그러나 정국의 변화와 맞물려 인현왕후가 복귀하고, 희빈 장씨는 후궁으로 강등됐다. 그녀는 인현왕후가 죽기를 바라며 취선당 서쪽에 신당을 설치했다. 이 일로 인해 희빈 장씨는 사약을 받았다.

어머니의 비극적인 죽음에 아들인 경종은 대인기피 증세를 보이는 등 정상적인 생활을 하지 못했다. 또 자녀를 둘 수 없는 처지가 돼 왕위 등극 3년 만에 생을 마감했다. 아버지가 어머니를 죽이는 비극의 가족사가 연산군과 경종을 불행한 왕으로 만든 것이다.

5
어머니의 안정된 환경과 아버지의 관심이 중요하다

스승의 십년 가르침이 어머니의 열 달 기름만 못하고, 어머니의 10개월 태교가 아버지의 하루 낳음만 못하다.〈태교신기〉

태교의 과학적 효과는 분명하지 않다. 태교가 태아에게 직접 영향을 미치는가의 여부는 논란이 있다. 그러나 태아에게 정성을 쏟기 위해 마음과 행동을 삼가는 것은 어머니의 본능이다. 임신 중 여성의 정서적 안정과 바른 생활은 태아에게 좋은 영향을 줄 것으로 기대된다. 인류에게 이 같은 믿음은 보편적 가치로 받아들여지고 있다. 조선 사람들이 읽은 열녀전에는 주나라 문왕의 어머니 태교가 태아에게 얼마나 중요한지 보여준다. 태임이 아들을 임신했을 때 나쁜 것을 보지 않고, 음탕한 소리를 듣지 않고, 오만한 말을 하지 않았다는 것이다. 바른 자세, 좋은 생각이 태아에 긍정적 영향을 미칠 것은 옛 선인들의 생각이기도 했다.

왕가(王家)에서나 사가(私家)에서나 경건함과 정숙함으로 아이를 맞을 준비를 했다. 공자의 어머니 안씨는 매일 산에서 기도하며 바른 아들 출생을 빌었고, 요석공주는 설총을 가졌을 때 불경을 읽으며 마음 안정을 취했다.

세종은 어머니 원경왕후가 안정된 상태에서 얻은 아들이다. 세종은 형인 양녕대군이나 효령대군에 비해 축복 속에서 태어났다. 조선 건국 6년이 흐른 1397년 4월 10일. 세종은 지금의 서울 효자동인 한양의 준수방 장의동 잠저에서 태어났다. 아버지는 정안군 이방원이고, 어머니는 훗날 원경왕후가 되는 민씨였다. 양녕대군과 효령대군에 이은 셋째 아들이다. 세종은 형들과는 달리 태교 때부터 안정감이 있었다. 여걸이었던 어머니 원경왕후는 아버지 이방원과 함께 왕자의 난 등을 기획한 역사의 주역이다. 그런 탓에 항상 목숨을 내놓은 위험한 삶을 살았다. 태조 이성계가 위화도에서 회군할 때에 민씨는 24세, 이방원은 22세였다.[2]

2 위화도는 압록강에 있는 작은 섬이다. 1388년 명나라 정벌을 위해 이 섬에 머물던 고려 장군 이성계가 군사를 개경으로 돌린 게 위화도 회군이다. 권력을 잡은 이성계는 1392년에 조선을 세우고 스스로 임금이 되었다.

정치 실세가 된 이방원은 아버지의 대리인 역할을 마다하지 않았다. 고려의 정치 상황은 급변하고 있었으며 공민왕 사후 친원정책이 위화도 회군을 계기로 친명정책으로 바뀌었다. 그러나 명나라는 고려의 속내를 의심했다. 볼모를 삼을 목적으로 실권자 이성계의 명나라 입조를 주장했다. 가면 억류될 게 뻔한 상황. 이성계는 차일피일 미루며 정세를 판단하고 있었다. 이때 이색이 명나라 사신을 자청한다. 그는 명나라 황제의 힘을 빌려 이성계를 제거할 계획을 품었다. 이색은 당대의 천재학자였다. 고려의 국비 유학생이었던 이색은 원나라 과거시험에서 사실상 수석합격을 했다. 워낙 걸출한 문장을 작성했고, 시험관인 구양현은 장원급제를 생각했다. 하지만 외국인에게 수석을 내주는 게 좋지 않다는 심사위원들의 여론에 밀려 2등으로 발표를 했다. 이색의 아버지 이곡도 원나라 과거시험에 2등으로 급제했었다. 중국어에 뛰어난 이색은 명나라 황제에게 "이성계가 고려왕조를 무너뜨릴 야망을 품고 있다. 그가 왕이 되면 명나라에도 위협이 될 것이다. 고려의 창왕을 명나라에서 후원하는 게 좋다"는 요지로 설득할 요량이었다.

하지만 이성계는 실권자였다. 이성계는 최대한 예의를 지켜 "감사하다" 는 말을 했지만 그의 측근들은 이색의 행동에 대해 고개를 갸우뚱거렸다. 이에 이색은 이성계의 의심을 푸는 한편 여차하면 볼모로 삼을 마음으로 이방원을 동행시켰다.

이방원의 생명은 보장될 수 없는 처지였다. 먼저 요동 지역은 여전히 원나라(대원) 세력이 미치고 있어 육로는 가기 어려웠다. 목숨을 걸고 바닷길을 찾아야 했다. 게다가 이색의 계획이 성공하면 명나라에서 살해되거나 인질로 잡힐 수밖에 없었다.

이때 민씨는 임신 중이었다. 불안의 연속으로 뱃속의 아이가 제대로 클 환경이 아니었다. 이색의 계획은 명나라의 실리주의에 따라 무산되고 이방원은 반 년 만에 귀국한다. 딸 둘을 두었던 민씨는 첫 아들을 낳았으나 기쁨도 잠시, 아이가 요절한다. 그러나 이방원의 생활은 바뀐 게 없었다. 상대를 죽이지 않으면 자기가 죽는 벼랑위의 승부가 계속됐다. 정몽주를 제거하는 등 정치 승자가 되지만 그 과정에서 암살에 대한 극심한 스트레스와 불안을 달고 살았다. 아내인 민씨도 마찬가지다. 이런 불안과 초조 속에 둘째 아들이 태어났으나 역시 세상과는 인연이 없었다. 이어 조선 건국 직후 민씨는 세 번째 아들을 낳았지만 또 다시 아이는 숨졌다. 새로운 나라를 세워 한시름 놓은 이방원과 민씨는 부부사이가 비교적 좋았다. 태조 3년에 민씨는 네 번째 아들을 보았다. 훗날의 양녕대군이다. 그리고 2년 뒤 다섯 번 째 아들인 효령대군을 낳았다. 민씨는 어렵게 얻은 아들의 생존을 위해 양녕대군은 친정에, 효령대군은 홍영리의 집에 보냈다.

이 무렵, 이방원은 정도전의 강력한 견제로 인해 정치판에서 주춤한다. 자연스럽게 외부활동 보다는 집에서 시간을 보내는 시간이 많았다. 정쟁에서 밀린 이방원은 사실상 가택연금 상태가 된다. 아이러니컬하게도 이때가 이방원 부부에게는 제2의 신혼기였다. 16세와 18세에 혼인한 부부는 10여 년 동안 걱정과 번민의 불안한 나날을 보냈다. 늘 떨어져 사는 게 습관이 된 부부는 3년 가깝게 한 집에서 지낸다. 민씨가 정서적으로 안정된 상황에서 태어난 여섯 번째 아들이 세종이다. 집에서의 시간이 많았던 이방원도 여느 집 아버지처럼 갓난아이를 업어주고 안아주고 어르며 생활했다. 세종은 죽은 형 및 생존한 두 형과는 달리 어머니 뱃속에서부터 갓난아이 때까지 사랑으로 보살펴진 것이다. 세종실록 1년 2월 3일 기사에는 아버지로서의 이방원 이야기가 나온다.

"내가 젊어서 연이어 아들 셋을 잃은 뒤 태조 3년에 양녕대군을 얻었다. 그때 이 아이도 죽을까 두려워해 처가에 보냈다. 다음 해에 효령대군이 태어났는데 열흘도 안 돼 병이 들어 홍영리의 집에 두었다. 1년 뒤에 주상(세종)이 태어났다. 그때 나는 정도전 무리에게 밀려 할 일이 없었고, 죽임을 당할 염려로 울

적해 있었다. 그래서 나는 대비(민씨)와 함께 갓난아이를 안기도 하고 업기도 하며 무릎에서 떼어놓지 않았다. 이 때문에 그 아이를 다른 아이들과는 달리 끔찍하게 사랑하게 되었다."

정조시대의 책인 '태교신기'의 한 구절은 태교의 중요성을 잘 말해준다. '이름난 의사는 병이 생기기 전에 미리 다스리고, 아이를 잘 가르치는 자는 태어나기 전부터 시작한다.' 전통 태교에서는 어머니 못지않게 아버지의 자세도 중요했다. 아버지는 절제력 있게 행동하고 몸가짐을 바르게 해야 했다. 이 점에서 세종은 형들과는 달리 좋은 여건이었다. 태교부터 육아까지 형들과는 달리 어머니와 아버지의 정상적인 사랑을 받은 것이다. 그가 심성이 곧고 성군이 될 수 있었던 것은 어머니의 안정된 환경, 아버지의 관심이 크게 작용한 것으로 생각할 수 있다. 세종은 사랑받고 자란 아이다. 태교 관점에서 보면 세종은 태아 때의 안정감 덕분에 좋은 자질을 갖고 태어난 것으로 볼 수도 있다. 학문을 좋아하는 천성, 주위에 대한 배려, 총명한 두뇌는 뒤의 자기계발 등의 교육으로 빛을 발했지만 기본 바탕은 이미 갖고 태어난 셈이다.

6

차별 없는 사랑

이원계와 이화는 태조의 서형제(庶兄弟)다. 만약 혼동하여 왕실족보인 선원록(璿源錄)에 올리면 후사(後嗣)는 어찌하겠는가? 마땅히 다시 족보를 만들어 이를 기록하게 하라. 〈태종 12년 10월 26일〉

세종에게 가족은 각별한 의미였다. 핏줄을 모두 자식으로 인정했다. 조선 왕실의 족보인 선원록에 후궁 소생의 왕자와 옹주를 기록했다. 아버지 태종 때에는 정비의 소생만이 왕실 족보인 선원록에 기재되었다. 선원록의 선(璿)은 아름다운 옥, 임금의 상징인 북극성을 뜻한다. 선원은 왕을 상징하는 선으로부터 파생되어 나온 후손을 의미한다.

조선을 지탱한 정신은 유교의 가부장제와 적서의 차별이었다. 적자만 아들로 보는 가운데 장자는 아버지의 권한과 의무를 모두 계승했다. 서자는 생물학적인 아버지는 있었으나 사회학적인 아버지는 없었다. 조선은 완벽한 일부일처제다. 집안과 집안이 이어져 정식 혼인한 여인만 아내로 여겼다. 그 외의 여인은 첩이다. 일부일처제를 통해 사회질서를 유지하는 정책을 취한 조선은 첩에게서 난 자식은 아들로 인정하지 않았다. 그래서 호칭도 아버지가 아닌 나으리, 대감으로 했다. 이에 비해 중국은 일부다처제다. 첫 여인 외의 다른 여인은 첩이 아닌 제2부인, 제3부인으로 불리어졌다. 다른 여자에게서 난 자식도 사회적 제약이 없었다. 모두 아들과 딸로 인정됐다.

조선에서 첩과 서자의 설 자리가 없어진 것은 태종의 영향이 크다. 적서차별은 왕실 족보에서 시작됐다. 태종 12년 10월 26일 기사에는 왕실족보가 선원록(璿源錄), 종친록(宗親錄), 유부록(類附錄)으로 세분화되는 과정이 보인다. 임금이 미리 하륜 등과 입을 맞춘 뒤 이숙번 황희 이응에게 비밀 지시를 하는 장면이다.

"이원계와 이화는 태조의 서형제(庶兄弟)다. 만약 혼동하여 왕실족보인 선원록에 올리면 후사(後嗣)는 어찌하겠는가? 마땅히 다시 족보를 만들어 이를 기록하게 하라."

태종의 지시에 따라 조선왕실 족보는 선원록, · 종친록, · 유부록의 세 가지로 분할 작성되었다. 선원록에는 시조 이한으로부터 태종의 직계까지 기록했고, 종친록에는 태조와 태종의 적자만을 수록했다. 유부록에는 딸과 서자를 올렸다. 이는 왕실 족보의 핵심인 선원록을 임금의 적자로 한정하기 위함이었다.

태종이 이 같은 지시를 하기 전의 왕실족보에는 전주이씨의 시조인 이한을 비롯하여 태조의 이복형제인 이원계, 이화 등도 수록되어 있었다. 태종의 조치는 후계구도를 자신의 적자로만 한정하려는 의도였다. 당시는 힘에 의한 사회다. 왕위 계승의 명확한 원칙이 서 있지 않았다. 이론적으로는 태조와 정종, 태종의 아들은 물론이고 추숭한 태조의 4대 조상인 목조 익조 도조 환조의 후손도 왕위 계승권을 주장할 근거가 있었다.

태조는 몽골족 등 북방민족에서 행해지는 막내상속의 영향을 강하게 받았다. 추숭한 4대조인 목조, 익조, 도조, 환조는 모두 큰아들이 아니었다. 이런 상황에서 태조의 이복형제와 그 아들도 왕위를 노려볼 가능성이 있었다. 이에 반해 유학을 공부하고 고려에서 문과 급제를 한 태종은 적장자 계승을 확립하려고 했다.

태종은 자신의 사후에도 왕위 계승 경쟁을 우려했다. 따라서 임금의 적자와 서자 그리고 친족을 차별화해 왕위 계승문제에 선을 분명히 그으려고 했다. 태종의 그림은 자연스럽게 태조의 이복형제들을 선원록에서 배제하는 결과를 낳았다. 또 정종은 17남을 두었으나 정비 소생이 없어 모두 왕위 계승권에서 멀어지게 된다. 정종의 자손들은 서자라는 이유로 모두 유부록에 수록되었다. 태종은 이복형제 방석을 제거했을 때도 '서출은 세자가 될 수 없다'는 논리를 주장했다.

태종은 적서의 차별을 분명히 했다. 이는 자연스럽게 왕위 계승 대상자를 태종의 적자로만 한정하는 효과를 가져왔다. 실제로 태종 이후 왕위 계승에서 이화, 이원계, 정종의 후손들은 거론조차 되지 않았다. 태종이 급하게 세종에게 양위한 것도 후계구도 안정이 가장 큰 이유였다. 폐세자 양녕대군을 추종하는 세력과 일부 왕족이 다른 마음을 품을 수도 있음을 고려했다.

그러나 세종은 선원록에 후궁 소생의 왕자를 수록하게 했다. 아버지가 애써 구분해 놓은 적서를 따지지 않았다. 이는 태조-태종-세종으로 왕권이 안정되고 큰아들을 세자로 삼아 왕위 계승문제가 일단락된 덕분이다. 임금은 종친의 개념도 확립했다. 정비 소생과 후궁 소생을 따지지 않고 왕의 4대손까지를 종친으로 보았다.

태종은 신권을 인정하지 않았다. 왕족도 신하라고 생각했다. 사병을 혁파해 친족들의 군사권을 박탈한 태종은 왕의 손자와 장인, 사위도 정치참여를 막았다. 또 왕의 사촌 이내 친족도 금고대상으로 하였다. 세종은 아버지가 뼈대를 만든 친족관리의 원칙을 확정했다. 세종은 친족끼리는 서로 가깝게 지내야 한다는 유교논리에서 명분을 찾았다.

유교에서는 고조부를 공동조상으로 하는 8촌까지는 아주 가까운 사이로 보고 있다. 동고조8촌(同高祖八寸)은 한 가족으로 본다. 그런데 아주 친하게 지내야 하는 사이인데 직무상 잘못이 있으면 처벌해야 하는 상황이 발생한다.

세종은 이를 방지하기 위해 왕의 4대손까지, 즉 8촌 이내 혈족은 정치를 금지시켰다. 대신 이들에게는 종친부가 작위를 수여하면서 최고로 예우했다. 왕의 사위도 정치규제 대상이었다. 외손자대가 되어야 정치 활동을 할 수 있었다. 외척은 장인을 제외하고는 규제대상이 아니다. 이에 따라 조선은 왕족이 아닌 처가 식구, 외척이 득세를 하는 상황이 된다. 왕의 4대손까지는 정치규제 대상이었으나 처가는 장인을 제외하고는 제한이 없었기 때문이다. 조선 후기 외척의 발호는 세종에게도 책임이 있는 셈이다.

세종은 가족을 크게 8촌까지로 보았다. 또 적자와 서자를 구분하지 않고 아들로 생각했다. 왕자는 적자와 서자 개념이 없이 '왕자군'으로 분류된다. 이는 왕위 계승 가능성을 열어둔 것이다. 이 같은 왕실의 가족 개념은 조선의 운이 다할 때까지 계속되었다. 이에 반해 사대부들은 왕실과 달리 적자와 서자를 완전히 구분했다.

TIP 3단계인 왕족의 범위

왕족의 범위는 어디까지일까. 왕족은 크게 세 단계로 나눌 수 있다. 첫째는 왕과 왕비의 직계존비속이다. 그야말로 로열패밀리로 친귀(親貴)로 표현된다. 둘째는 동고조 8촌의 범위다. 왕의 4대손까지다. 대(代)는 자신을 포함하지 않고, 세(世)는 자신을 포함한다. 역시 친귀(親貴)로 표현한다. 흔히 말하는 종친의 범위다. 셋째는 왕의 5대손부터 9대손까지다. 왕과의 특별한 인연이 끝난 것으로 보아 친진(親盡)으로 표현한다. 또 10대손 이후는 사실상 왕족으로 보지 않았다. 근원이 왕족이라는 의미의 원손(遠孫)으로 표현했다.

종친인 동고조 8촌의 혈족에게는 작위가 내려졌다. 실직이 아닌 명예직이다. 경제적으로 어려움이 없게 했다. 군역의 의무가 없었고, 형사문제와 신분에서 우대되었다. 왕족은 체포 연행 조사과정에서 특별대우를 받았다. 사간원이나 의금부에서 피의자가 왕족이면 왕의 허락을 받은 후 조사를 할 수 있었다. 수갑을 채울 수도 없고, 고문도 할 수 없다. 처벌도 원래 해당되는 벌에서 한 등급씩 감형이 됐다. 또한 왕족에겐 원칙적으로 사형이 없다.

그러나 모반죄는 예외다. 왕과의 인연이 끊겼다고 보아 혜택을 받을 수 없다. 왕족은 자신의 의지와는 상관없이 정치투쟁에 연루돼 3대가 같이 처형되기도 했다. 또 일반인이 왕족에게 위해를 가하면 3등급 가중 처벌되었다. 조선은 양반 특권층의 기득권을 보호하기 위해 부모 중 한 사람만 천인이면 후손은 천인이 되었다. 하지만 왕족은 모계가 천인이어도 천인이 되지 않았다.

대신 정치규제 대상이었다. 당시 유일한 사회활동인 과거를 통한 관리 생활을 하지 못하게 막았다. 또 거주이전의 자유도 없었다. 도성 안에서만 살아야 했다. 지방에 살거나 여행을 하면 왕족의 신분을 악용한 민폐 가능성을 경계했고, 무엇보다 세력을 키워 모반을 할 가능성도 막기 위함이었다. 왕족이 지방행을 하려면 일정을 임금에게 보고하고 허락받아야 했다. 왕의 허락하에 지방에 머무는 왕족이 있으면 고을 수령은 감시를 늦추어서는 안 되었다. 1년에 두 번은 동정을 보고하는 게 의무다.

나라는 이들을 통제하기 위해 3년마다 왕실족보를 만들었다. 이 같은 족보가 현존하는 것이 1만 권에 가깝다. 종친을 보호하는 의미도 있고, 감시 관리하는 기능도 있다. 혜택과 통제의 양날의 칼이 드리워진 것이다. 종친들은 풍요 속에 고독을 느끼는 존재다.

이들은 능력이 뛰어나면 살 수가 없다. 능력을 구현할 수 없는 사회이기에 울분을 술과 방탕한 생활로 달래야 했다. 성격이 정치지향적이 아닌 경우에는 시와 그림의 예술로 승화시켰다. 그러나 능력이 뛰어난 종친은 역모를 하거나, 역모의 모함을 받았다. 능력 있는 종친은 자연수명을 다할 수 없었던 비극적인 인생이었다. 다행히 왕이 힘이 세고, 의지가 굳으면 뛰어난 종친도 살 가능성이 있지만 반대의 경우에는 능력 있는 왕족은 비극의 씨앗이 되기 십상이었다. 세종은 수많은 신료들의 상소에도 불구하고 양녕대군을 끝까지 보호했다. 그러나 많은 왕은 역모사건의 누명을 씌워 능력 있는 종친들을 구속했다. 이런 상황이기에 종친들은 무력해질 수밖에 없었다. 동기부여가 되지 않는 삶이었다. 술에 의지해 그저 타락한 생활을 많이 했다. 어우동 등의 풍속사범에 종친들이 많이 등장하는 이유다.

세종은 왕족을 교양인으로 키우기 위해 종학을 설치했다. 그러나 일자무식을 비롯하여 학습지진아가 많았다. 다양한 당근책과 회유책을 썼으나 근본적인 동기부여가 안 된 탓이다.

왕의 5대손부터는 과거시험을 볼 수 있다. 사회활동이 가능하다. 군역과 벼슬의 혜택이 없지만 여전히 우대되었다. 같은 왕족이라도 5대손부터는 능력이 확연하게 구분되었다. 4대까지 공부를 게을리 하지 않고 세월을 기다린 집안은 5대부터 번성했지만 무위도식한 왕족은 갈수록 극심한 생활고에 빠졌다. 전주이씨 중에서 이름을 날린 사람은 대개 왕의 5대손부터 9대손 사이에 집중돼 있다. 정치규제가 풀린 세대이면서 왕손이라는 무형의 혜택 덕분이다.

3대 연속 문형을 배출해 전주이씨 중에서도 최고 명문으로 꼽히는 밀성군파 이경여 집안을 보아도 그렇다. 밀성군은 세종과 신빈김씨 소생의 왕자다. 세종의 왕자 순위로는 13번째다. 이경여 계보는 1대 밀성군(이침)-2대 운산군(이계)-3대 광성정(이전)-4대 광원군(이구수)-5대 좌찬성 이극강-6대 목사 이유록-7대 영의정 이경여-8대 대제학 이민서-9대 좌의정 이관명-10대 우의정 이휘지로 이어진다.

임금의 아들에게는 4대까지 작위가 내린다. 밀성군 집안도 세종의 4대손인 광원군까지 작위를 받았다. 이 집안은 5대부터는 정치규제가 풀려 과거에 응시하게 된다. 세종의 5대손인 이극강이 과거시험을 치르고 벼슬길에 나가 좌찬성에 올랐고, 6대인 이유록은 목사를 지냈다. 7대인 이경여가 영의정에 올랐다. 또 8대 이민서 9대 이관명 10대 이휘지가 3대 연속 문형을 지내 조선 최고의 명문가를 형성한다.

7

세종의 막내 사랑

"너는 15세 이전에는 나를 아버지라 부르고, 어머니는 진상으로 호칭해라."
〈영응대군 신도비〉

임금은 하늘의 명을 받아 백성을 다스리는 성스러운 존재이며 만백성의 어버이다. 한 사람의 남편, 한 사람의 아버지일 수가 없다. 따라서 임금에게는 가족과의 사생활을 기대하기 어렵다. 순수한 의미의 사적인 공간이 허용되지 않는다. 정무를 마친 뒤 가족과의 시간도 통치의 연장선상이다. 자녀를 생산하는 일마저 나라와 왕실의 번영 차원에서 이해되었다. 임금의 사생활이 없음은 호칭에서도 나타난다.

공주와 왕자는 임금을 공식석상에서 아버지라고 부르지 않는다. 이들은 자식이기에 앞서 신하다. 신하는 군주를 임금님이나 주상, 성상, 전하 등으로 호칭한다. 왕자와 공주도 신하의 예를 따랐다.

한중록을 쓴 혜경궁 홍씨가 열 살에 시집왔을 때다. 남편인 동갑내기 사도세자가 몸을 움츠린 채 '전하, 전하'를 외치는 모습을 보았다. 아버지를 아버지라고 하지 못하고, 두려운 마음에 전하라고 호칭하는 남편에게 측은지심을 느낀다.

세종 시대에는 주상과 함께 진상(進上)'이라는 표현도 쓰였다. 왕실 가족도 임금을 진상으로 표현했다. 세종과 소헌왕후 사이의 막내아들이 영응대군이다. 늦은 나이에 얻은 막내에게는 일반적으로 특별한 정이 간다. 세종은 서른여덟 살에 낳은 영응대군에게 무한한 애정을 쏟았다. 용모가 수려하고, 성품이 순후 총명한 그에게 호화저택을 선물하고, 왕실의 귀중품을 선물로 주려고 했다. 왕의 승하 장소도 영응대군의 저택인 동별궁이었다.

왕은 막내아들이 일곱 살이 되자 대군의 작위를 내리고, 열한 살 때 혼인을 하게 한다. 왕자는 혼인과 함께 궁을 나선다. 대궐에 세자 외의 장성한 왕자나 능력 있는 왕자가 머문다면 후계구도에 이상이 생길 가능성이 있다. 이를 염려한 조선은 왕자를 열 살 안팎에 짝을 지어줘 궐을 나가게 한다. 이에 비해 왕위 계승권이 없는 공주는 열 너 댓살에 혼인하는 게 보편적이다.

영응대군도 혼인과 함께 대궐을 나서야 했다. 임금은 신하들의 반대에도 불구하고 아들을 위해 규정을 무시한 호화주택을 지었다. 그러나 계속 궐 밖으로의 이사를 차일피일 미루게 했다. 이와 함께 파격적인 호칭도 지시했다. 다른 왕자들은 임금을 '진상(進上)'이라 불렀다. 그런데 영응대군에게는 "15세 이전에는 나를 아버지라 부르라"고 했다.

이는 왕의 영역이 아닌 아버지로서 아들을 대한다는 의미다. 막내아들에게는 조선의 법도를 뛰어넘은 자연인 아버지를 선언한 것이다. 호부 호형을 하지 못하는 조선왕실의 홍길동인 왕자와 공주. 그러나 영응대군은 아버지의 지극한 사랑으로 아버지로 부른 행운아였다.

막내를 사랑하는 아버지의 마음은 실록 곳곳에 담겨 있다. 영응대군이 겨우 말을 할 무렵이다. 어린아이 형상을 빚은 화촉(花燭)을 보고 말했다. "초가 타면 반드시 아이에게 미치게 되니 차마 보지 못하겠다." 이를 들은 세종이 크게 귀여워했다. 아버지는 사냥 중에 엎드린 짐승을 보면 아홉 살 아들의 말을 달리게 하여 화살을 쏘게 했다. 또 강원도 관찰사에게 날다람쥐 두 마리와 독수리 새끼 두 마리, 진기한 새를 바치게 하여 영응대군에게 주었다.

세종의 큰아들인 문종과 둘째 아들인 세조에게도 막내 동생을 사랑할 것을 말하곤 했다. 문종은 즉위 후 입궁하는 대군이 1인의 시종만 거느리는 관례를 깨고 영응대군은 예외적으로 3인을 거느리도록 허용했다. 또 아버지가 주지 못한 내탕고(內帑庫)의 진귀한 보물을 모두 전달했다. 세조도 여러 아우 중에서 막내인 영응대군을 특별하게 보살폈다. 막내 동생이 병이 나면 치료를 위해 갖가지 방법을 동원했을 정도다. 또한 그의 집에는 내시의 왕래가 끊이지 않았다.

아버지와 형들의 사랑 속에 자란 영응대군은 그림과 글씨, 음악에 정통했다. 아버지의 백성을 향한 사랑의 뜻이 담긴 한글에도 밝았던 그는 서른 살에 명황계감(明皇誡鑑)을 한글로 번역했다. 세종은 집현전 학자들에게 중국의 옛 시들을 모아 책으로 엮게 하고 '명황계감'이라는 이름을 내렸다. 최항이 서문에서 "조선 억만년에 다함없는 아름다움이 반드시 이 노래로부터 더욱 길어지게 될 것"이라고 표현한 것처럼 징지에 참고하기 위해 편집한 책이다. 영응대군은 이 책을 만들 때도 교열에 참여했다.

TIP 수양대군 효도의 숨은 뜻

세종은 수양대군을 아꼈다. 능력을 크게 생각했다. 또 수양대군은 어머니와 아버지를 위해 지극정성을 다하는 효자다. 그런데 세종 승하 후에 조카의 왕위를 빼앗았다. 그렇다면 세조는 효자일까, 불효자일까. 세조는 등극 전까지는 부모에게 지극한 효도를 했다. 어머니 원경왕후의 아픔을 달래기 위해 불교서적 간행에 앞장서고, 병간호에 지극정성을 다했다. 능력도 뛰어나 세종은 특히 그에게 기대를 했다. 세조실록 총서에는 특별한 능력이 실려 있다.

"타고난 자질이 공검하고 예절이 있었다. 또 충성스럽고 효도하며 우애가 돈독했다. 인(仁)을 좋아하고 의(義)에 힘썼으며, 소인을 멀리하면서도 미워하지 않았다. 군자를 가까이하면서도 편사하지 않았다. 문학과 활쏘기와 말타기가 고금에 뛰어났다. 역학 산학 음률 의술 점 기예의 일에 이르기까지 모두 그 묘를 다했다. 그러나 항상 스스로 이를 숨기고 남의 위에 오르려고 하지 않았다. 세종이 이를 기특히 여기고 사랑해 그 대우를 여러 아들들과 달리했으며, 무릇 군국대사에는 반드시 참결 하도록 했다."

효성이 두텁고 인성이 된 성군의 재목이라는 극찬이다. 미화된 면이 있겠지만 효성스런 아들임은 짐작할 수 있다. 효도와 우애가 깊은 세조의 왕위 가로채기 의미는 무엇일까. 그의 입장에서 보면 증자의 효도를 생각할 수 있다. 공자의 현명한 10제자 중의 한 명으로 꼽히는 증자(曾參:증삼)는 효행으로도 유명하다. 공자가 그를 위해 효경을 지을 정도였다. 그는 죽음을 앞두고 제자들에게 말했다.

"내 몸을 살펴라. 부모님으로부터 물려받은 신체에 상처라도 없는지 확인해라."

효경의 첫머리에 나오는 '신체발부 수지부모 불감훼상(身體髮膚受之父母不敢毁傷)'을 실천했는가를 확인하는 절차다. 부모로부터 물려받은 몸은 한 점의 상함이 없어야 한다는 것이다. 증자는 아버지 뜻을 받드는 것을 효의 으뜸으로 보았다. 아버지 증점의 밥상에 매일 술과 고기를 올렸다. 아버지는 식사 후 음식이 남았는가를 묻곤 했다. 그때마다 "예, 남았습니다"라고 대답했다. 아버지의 뜻대로 음식을 다른 사람에게 주었다. 그래서 사람들은 증자의 효도를, '아버지의 뜻을 봉양하는 양지(養志)'라고 불렀다.

시간이 흘러 증자가 노인이 되었다. 아들인 증원은 어려서부터 보아온 아버지의 효행을 실천했다. 그런데 음식은 달랐다. 증자가 식사 후 맛있는 게 있으면 "남았나"고 물었다. 그때마다 증원은 "남지 않았다"고 대답했다. 다음번 밥상에 또 올리고자 거짓을 말한 것이다. 그래서 세상 사람들은 증원의 효도를 '아버지의 몸을 봉양하는 양체(養體)'라고 표현했다.

세조는 양지를 효도의 근본으로 합리화했을 듯하다. 양지는 세종의 큰 뜻을 넓게 해석한 것이고, 양체는 오로지 현실에서만 해석하는 작은 그림이라고 볼 수 있다. 세종의 뜻이 왕권의 안정이라면 정국을 안정시킬 왕이 필요하다는 논리다. 반면 세종의 적장자 승계는 왕권이 위협받는 현실에 눈감는 작은 효도로 변명할 수 있을 듯하다. 문종 승하 후 나이 어린 단종이 즉위하자 국정은 대신들에 의해 좌지우지 됐다. 특히 김종서 황보인 등은 황표정사로 대표되는 인사권을 남용했다. 왕권이 추락한 가운데, 왕자들의 대궐출입도 제한되는 등 신권사회로 급변했다. 이에 세조는 국정을 바로잡는다는 명분을 내세웠고, 이를 양지의 효도라고 변명할 수도 있겠다.

8

진정한 효도는 건강한 삶이다

"만일 지나치게 예의를 차리다가 몸이 상한다면 이보다 더 큰 불효가 어디 있겠는가." 〈세종 29년 12월 19일〉

목적이 수단이 되고, 수단이 목적이 될 때가 있다. 이를 목적의 전치 현상이라고 한다. 세종의 꿈은 조선을 인륜의 나라로 만드는 것이었다. 효행록을 널리 보급하고, 유교의 충효 사상을 백성에게 심어주기 위해 노력했다. 유교의 지향점 중 하나는 죽은 사람도 산 사람처럼 모시는 것이다. 임금은 종묘대제와 선왕들에 대한 제향을 경건하게 모시는 모범을 통해 백성을 교화시켜 나갔다. 그런데 형식에 얽매인 지나친 제례 양상도 나타났다. 죽은 사람의 영면을 기원하는 행위가 지나쳐 오히려 산 사람의 건강악화로도 이어졌다.

효를 강조하는 유교 이상 국가 실현은 태종이 적극적으로 모범을 보였다. 나라에 안 좋은 일이 있으면 수라의 반찬 숫자를 줄이는 감선(減膳)을 했고, 가뭄이 들거나 홍수가 나면 고기를 들지 않는 철선(撤膳)을 했다. 왕실의 애사에서도 마찬가지였다.

세종은 아버지보다 더 적극적이었다. 임금은 18년 가뭄이 들자 약으로 쓰는 술과 함께 점심을 감했다. 승정원이 옛 사료를 뽑아 임금의 행위가 지나침을 건의했으나 세종은 뜻을 굽히지 않았다.

왕실의 상을 당했을 때는 더욱 철저했다. 아버지 태종이 행한 것보다 더 오랜 시간을 철선과 감선을 했다. 세종 때는 많은 왕족이 세상을 등졌다. 정종과 정안왕후, 태종과 원경왕후가 승하했다. 또 태조에게 옥쇄를 건네준 공민왕비 안씨(의화궁주 안씨)의 상을 당했고, 장인 심온을 비롯하여 처가 식구들이 비명에 갔다. 또 아내인 소헌왕후와 어린 자녀인 정소공주 광평대군 평원대군이 세상을 등졌다. 이때마다 세종은 예에 따라 철선과 철주를 했다. 이 뿐만 아니라 아버지 태종, 큰아버지 정종, 할아버지 태조, 증조부인 환조의 기일에도 철선을 했다.

세종은 위로 향한 효만 한 게 아니다. 아래로 향한 사랑도 분명했다. 임금은 조선의 군주 중 유일하게 며느리가 숨졌을 때 애도하는 상복을 입었다. 23년 8월 10일 세자빈인 권씨(현덕왕후)가 원손(단종)을 낳은 뒤 3일 만에 산후병으로 숨졌다. 임금은 24세 청춘에 간 며느리를 불쌍하게 여겨 소헌왕후와 함께 5일간 상복을 입었다. 또 세자(문종)에게는 한 달간 상복을 입고 애도하게 했다.

원래 육식을 좋아한 임금이지만 왕실의 제사와 초상, 나라의 가뭄과 홍수 등으로 인해 고기를 먹는 날은 그리 많지 않았다. 이는 임금의 건강악화로 이어졌다. 또 사대부의 집에서도 상례가 지나쳐 건강을 잃고 결국 숨지는 일도 발생했다. 아버지의 효를 눈으로 보고 자란 세종의 왕자들도 마찬가지다. 임금은 생을 마감하기 몇 달 전부터는 자주 병석에서 누웠다. 이에 수양대군은 아버지의 회복을 염원하며 5일 동안 식사를 거른 적도 있다.

이 같은 정성에 대해 임금은 예의 본뜻이 아니고, 부모가 자식에게 바라는 바가 아니라고 못 박았다. 몸이 상할 때까지 지나친 예의를 차리는 것은 효도의 본질을 모르는 행위라고 했다. 세종은 생명이 얼마 남지 않은 상태에서 '진정한 효도는 건강한 삶'이라는 유훈을 남겼다. 29년 12월 19일 상을 치르는 예가 오히려 효도의 도리를 저버리지 않도록 규칙을 정했다.

"왕자들은 깊은 궁궐에서 커 사는 곳과 음식이 보통 사람과 다르다. 상을 치르는 예의도 제도에 다 따르기는 버겁다. 특히 왕세자는 장차 종사(宗社) 생령(生靈)의 주인이 될 인물이다. 그렇기에 몸을 보호하는 게 지극히 중하다. 만일 지나치게 예의를 차리다가 상사를 이기지 못한다면 이보다 더 큰 불효가 어디 있겠는가. 성현이 예를 제정할 때에 병이 있으면 반드시 술을 마시고 고기를 먹게 하였으니, 그 염려한 것이 지극하다. 그러나 효자(孝子)가 울고 치고 애통하는 때에 오장이 찢어지는 듯하여 병이 이미 몸에 들어온 것을 스스로 알지 못한다. 만일 증세가 밖으로 나타나면 병은 이미 깊어진 것이다. 비록 술을 마시고 고기를 먹더라도 치료하기 어렵다. 어찌 병이 깊어지기 전에 예방하는 것과 같으랴.

그래서 예전 예를 참고하고 인정을 작량하여 규칙을 정했다. 임금의 상을 당했을 때 왕세자와 대군 이하 여러 아들은 3일 안에는 조금 죽을 먹고, 3일 뒤에는 밥을 먹고, 한 달이 넘으면 조금 술을 마신다. 졸곡(卒哭) 뒤에는 고기를 먹고, 만일 병이 있으면 비록 초상이라도 고기를 먹는다. 병이 나으면 다시 예에 따라 한다. 처소는 기후에 따라 판자상(板床)이나 온돌방을 정한다. 베 이불과 베 베개를 쓰면 질병을 면하여 생명을 온전히 할 수 있을 것이다. 이것은 나의 지극한 생각이다. 이를 영구히 준수하라."

그러나 아버지의 유훈을 아들들은 실천하지 않았다. 큰아들인 문종은 세종보다 더 유교적 효를 실천했다. 아버지가 승하했을 때 3일 동안 물 한 모금도 마시지 않고 애통해 했다. 아버지를 비롯한 조상의 기일에 철선은 물론이고 기월 철선까지 했다. 조상의 제사가 있는 한 달간 철선을 했다. 이 같은 철선은 문종의 건강이 좋지 않은 상태에서도 진행됐다. 문종 2년(1452년) 5월 12일에 허후는 "큰 종기를 앓으면 3년이 지나야 완전회복이 됩니다. 전하의 종기가이 날로 차도가 있지만 조심하지 않을 수 없습니다"라고 건의했다. 몸을 챙기지 않은 문종은 보위에 오른 지 3년도 안 돼 아버지 뒤를 따랐다.

세종의 18번째 아들인 막내 담양군은 임금의 승하 후 요절했다. 12세인 담양군은 숨진 아버지를 붙잡고 매달려 못 가게 끌어당기려고 했다. 그러나 어른들의 제지로 이루지 못하자 손으로 가슴을 치며 슬퍼했다. 울부짖음도 어른들 뒤에서 마음껏 울지 못한 어린 담양군은 몸이 급격히 쇠약해지며 병을 얻었다. 그리고 임금이 가신 지 21일 만에 부왕 곁으로 갔다.

다른 왕자들도 상을 치르면서 몸이 급격히 약해졌다. 금성대군과 밀성군은 생명이 위독한 상황까지 치달았다가 건강을 가까스로 회복했다.

TIP 문종의 효도는 아우 챙기기였다

문종은 상중에 아버지의 유훈을 지키지 않았다. 세종 승하 당시 앓고 있던 등창이 많이 호전되었으나 창구(瘡口)가 아물지 않아 주의가 요망됐다. 그러나 빈소에서 울부짖고 가슴을 쳐 갈수록 야위었다. 대신들이 "마땅히 물러가 거처하여 옥체(玉體)를 조보(調保)해야 할입니다"라고 청해도 허락하지 아니했다. 삭망(朔望)과 상식(上食)에 눈물을 흘리고 슬퍼하면서 3년상(三年喪)을 마쳤다.

문종은 스스로의 몸이 망가지는 것은 개의치 않으면서도 동생들이 지나친 상례로 몸이 상하는 것은 근심했다. 세종 28년 소헌왕후가 세상을 떴다. 수양대군은 극한의 슬픔에 빠졌다. 몸이 극도로 쇠약해졌다. 문종은 수양대군에게 말했다.

"부모님의 상을 당해 예법대로 다 행했으면 증자(曾子)는 필시 상기(喪期)를 넘기지 못했을 것이다. 수양대군이 병이 많아서 나는 좌우의 손을 잃은 느낌이다. 먹는 것이 적으면 반드시 병이 난다. 촉나라의 제갈량이 바로 그 예다. 또 영양가 많은 음식을 들다가 여러 날 적게 먹고, 지나치게 애통해하면 병이 깊어진다. 어느 날 갑자기 병이 나면 의원도 어찌할 도리가 없는 법이다. 내 말이 헛되지 않으니, 수양대군은 살펴 깨닫도록 하라. 지금 우리 형제에 남은 자가 몇이나 되는가. 몸조심해야 하지 않겠나? 수양대군은 부디 살피기 바란다."

세종이 승하한 후에는 많은 왕자가 크게 앓았다. 임영대군과 밀성군이 죽음의 문턱까지 오갔다. 문종은 동생들의 치료에 크게 신경을 썼다. 문종 2년 3월에는 밀성군이 위독하자 승려들로 하여금 기도하게 한다. '밀성군의 병은 위급했다. 안평대군에게 승려들을 모아 흥천사에서 기도하게 했다. 이후 밀성군의 병이 나았고, 승려들에게 면포를 하사했다.' 회복된 동생을 본 임금은 "내가 다시 밀성군을 보게 되었다"며 크게 기뻐했다. 문종의 사랑은 조카들에게도 한결같았다. 여러 아우의 아들을 귀애하여 어루만져 주기를 친아들처럼 했다. 일찍 죽은 동생 광평대군의 아들을 거두어 궁중(宮中)에서 지극정성으로 키우기도 했다.

9

자식은 부모 모시는 법을 알아야 한다

"다른 곳에 복지(福地)를 얻는 것이 선영(先塋) 곁에 장사하는 것만 하겠는가? 화복(禍福)의 설(說)은 근심할 것이 아니다." 〈예종 1년 3월 6일〉

세종시대에는 과학이 크게 발달했다. 미신적인 요소가 많이 사라졌다. 대표적인 게 부엉이에 대한 공포다. 조선의 왕은 자연 현상에 민감했다. 자연의 상서로움과 재해를 모두 하늘의 메시지로 풀이했다. 부엉이가 대궐에서 울면 불길하게 생각하고 제를 지냈다. 태종은 아예 도성 밖으로 피란도 했다. 세종도 초기에는 부엉이가 울면 치성을 드리고, 때로는 소탕령을 내렸다. 그러나 후기에는 부엉이의 울음을 자연현상으로 이해했다.

그러나 과학기술이 발달해도 풍수설은 갈수록 위세가 더했다. 효도와 발복의 정성이 더해진 능이나 묘 조성은 더욱 그랬다.

임금은 소헌왕후가 승하하자 아버지와 어머니가 묻힌 헌릉 옆에 능터를 잡게 했다. 이에 음양가(陰陽家)들이 불길하다고 반대했다. 이에 대해 세종은 "아무리 좋은 자리도 부모님 곁만은 못하다. 길흉화복의 설은 믿을게 못된다. 나도 나중에 마땅히 왕후와 같이 장사해라. 무덤은 같이 하고 실(室)은 다르게 만드는 것이 좋겠다"고 지시했다. 훗날 세종과 소헌왕후의 능은 조선 최초의 합장릉으로 조성된다. 임금은 최고의 효도를 부모님 곁에 묻히는 것으로 교육한 것이다. 또 미신을 믿을 바 못됨을 알려줬다. 이에 큰아들인 문종은 아버지의 뜻을 받들어 헌릉 구역에 영릉을 조성했다. 또 자신의 능도 같은 구역에 마련하게 했다.

하지만 둘째아들인 세조와 손자인 예종의 생각은 달랐다. 이들은 길지의 이론을 따랐다. 영릉 조영 무렵부터 알음알음 퍼진 '곤수분자(坤水分觜), 절사손장자(絶嗣損長子)'가 마음에 걸렸다. 자손이 끊어지고 맏아들을 잃는다는 무서운 의미다.

세조는 쉰두 살이 되자 자주 병석에 누웠다. 나라를 통치한 지도 14년이 되었다. 세조는 14년 7월 19일 죽음을 예감한 듯, 측근인 신숙주 한명회 구치관 등을 불러 세자에게 전위를 논의하게 한다. 또 8월 1일에는 수릉(壽陵)을 조성하도록 명했으나 신하들의 반대에 부딪힌다.[3]

임금은 시나브로 병석에 누웠다. 대신들도 쉬쉬하며 천명이 다했음을 받아들이는 분위기였다. 승하 후의 그림을 분주하게 그렸다. 9월 1일, 임금은 문안 온 종친들에게 조선의 앞날을 걱정했다. 계유정난으로

3 수릉(壽陵)은 임금이 죽기 전에 미리 준비해 두는 무덤이다.

정권을 잡은 세조의 생각은 분명했다. 조선은 김씨의 나라도, 황씨의 나라도 아닌 이씨의 나라는 것이다.[4] 마지막을 예감한 임금은 종친들에게 비단을 선물했다. 종친이 비대한 신권(臣權)을 견제, 세자에게 힘이 돼 줄 것을 당부하는 의미가 내포돼 있다.

4 계유정난(癸酉靖難)은 수양대군인 단종 1년(1453) 11월 10일(음력 10월 10일)에 김종서, 황보인 등을 제거하고 정권을 잡은 사건이다.

세조를 이을 세자는 임금의 둘째 왕자로 열아홉 살 청년이었다. 형인 의경세자가 숨지자 여덟 살에 세자에 책봉됐다. 종친 중에서 현실적인 수장은 밀성군이었다. 그는 세종과 신빈김씨 소생 왕자로 서른아홉 살 장년이었다. 세조의 이복동생으로 세자에게는 삼촌이다. 세종은 18왕자를 낳았다. 중전인 소헌왕후에게서 문종과 세조, 안평대군 등 8남을, 후궁에게서 화의군을 비롯하여 10남을 얻었다. 세조가 병석에 누울 당시에 세종의 왕자는 49세의 임영대군, 39세의 밀성군, 34세의 영해군만 생존해 있었다. 믿고 의지할 데는 혈육이 최고다. 임금은 이미 세자의 장래를 튼튼하게 하기위해 임영대군의 아들인 귀성군 준을 영의정으로, 태종의 외손인 남이를 병조판서로 전격 발탁했었다.

후계구도는 어느 정도 안심이 되었다. 그러나 걸리는 게 있었다. 부왕인 세종의 영릉이 불안했다. 세종과 소헌왕후는 할아버지인 태종의 헌릉(獻陵) 옆에 모셨다. 주역의 대가로 풍수에 조예가 깊은 세조는 '땅과 하늘의 기운이 사람의 운명을 좌우한다'고 여겼다. 임금은 재위 내내 풍수사 한 명의 말을 떨쳐내지 못했다. 세종의 수릉 조성에 참여한 지관 최양선이다. 세종은 어머니 원경왕후가 승하하자 아버지가 묻힌 헌릉에 안장했다.

또 헌릉 옆에 능 자리를 잡게 했다. 이때 지관 최양선은 영릉에 대해 큰아들이 죽는 비극의 자리라고 주장, 큰 파장 속에 처벌을 받는다. 그 때 상황이 실록에 기록돼 있다.

의정부와 예조에서 아뢰었다. 전일에 대군 및 풍수학제조가 함께 수릉을 살폈습니다. 서운부정 최양선은 수릉의 혈 자리가 임방(壬方) 자리인 것을 감방(坎方) 자리라 했습니다. 또 '곤방 물이 새 입처럼 갈라졌다(坤水分觜)'며 '손이 끊어지고 맏아들을 잃는다(絶嗣損長子)'는 허망한 말을 했습니다. 〈세종 25년 2월 2일〉

풍수를 아는 세조도 그의 주장에 일부분 공감했다. 그러나 부왕의 강력한 의지를 따르지 않을 수 없었다. 또 영릉에의 장사는 형인 문종의 주관 아래 이루어져 강하게 나설 처지도 아니었다. 우연의 일치일까. 영릉을 헌릉의 서쪽 자락에 쓴 뒤 최양선의 주장이 맞아떨어졌다. 문종이 승하하고, 단종이 사사되는 변고 속에 수양대군이 세조로 등극했다.

세조의 입장에서는 다음이 문제였다. 큰아들 의경세자가 요절한 것이다. 영릉 흉당을 굳게 믿은 세조는 부왕 능의 천장을 생각했다. 하지만 대신들은 반대했다. 최양선의 말이 허무맹랑하다는 것이다. 이에 대해 세조는 헌릉이 자리 잡은 대모산의 고개인 천천현의 땅을 돋워서 지세를 바꾸려고 했다.

천천현은 사람들의 왕래가 잦은 교통의 요충지인데 왕릉의 풍수지리상 종산에서 내려온 산줄기에 해당됐다. 따라서 통행을 금지하려는 논의가 꾸준히 제기되고 있었다. 세종 10년 3월 11일 은퇴 후 충청도 서산에서 여생을 보내던 최양선이 상소를 했다.

천천고개(穿川嶺)를 두텁게 보토(補土)하고, 돌로 성(城)을 쌓아 길을 없애면 산천(山川) 음양(陰陽)의 길흉(吉凶)이 바뀔 수 있다는 안을 냈다.

이에 대해 세조는 폭넓은 풍수 학식으로 신하들에게 음양과 천지조화, 조상과의 관계를 설명한 뒤 "최양선은 망령된 사람으로 술법을 잘 안다고 할 수는 없다. 그러나 나 또한 고개를 막으려고 생각했다"고 보토와 축성을 지시했다.

이후 몇 차례 영릉 천장 의사를 흘렸으나 대신들의 반대로 진행을 하지 못했다. 대신들의 생각은 영릉 덕분에 세조가 왕이 되었다는 것이다. 이미 영광을 얻었는데 옮길 이유가 없다는 생각이 밑바탕 돼 있었다. 세조는 13년 4월 5일에도 한명회, 서거정, 구치관 등에게 영릉의 개장(改葬)을 의논하게 했다. 신숙주에게는 경기의 산을 두루 살피도록 했다. 지관인 안효례 최호원에게 영릉의 산형도(山形圖)를 보여주며 길흉을 물었다. 두 사람은 우물쭈물하고 길흉을 분명하게 말하지 못했다. 임금은 이들을 하옥하고 파직시켰다. 임금의 마음을 읽지 못한 죄였다.

세조는 영릉이 헌릉 구역에 있는 한 큰아들의 죽음과 절손의 아픔이 스스로에게 미칠 수밖에 없음을 고민했다. 이에 죽음의 사자가 눈앞에 어른거리던 순간에 세자에게 고명을 내린 것으로 보인다. 영릉을 옮겨서 세자와 후손이 안정되게 나라를 운영하게 하려는 마지막 정치였다. 세자는 왕자시절부터 평생 밀성군의 호칭을 숙부로 했다. 세자는 예종으로 등극 후 곧바로 영릉 천장을 대신들에게 지시한다. 또 천장 총책임자로 밀성군을 임명했다. 이로써 서울의 남쪽 헌릉구역에 있던 영릉은 예종 1년 3월 6일 여주로 천장했다.

TIP 어느 법학자의 "효" 교육

대학에서 법을 강의하는 L교수는 효 강사를 양성하는 교육에도 크게 신경을 쓰고 있다. L교수는 '효! 미래의 행복'이라고 정의한다. 그는 효 강사들의 가슴을 '효' 다시 생각하기로 촉촉하게 적신다. "개나 고양이에게 밥을 준다. 부모님께도 음식을 드린다. 그러나 이는 효도가 아니다. 효는 경애하는 마음이 있어야 한다." 이 같은 경애하는 마음을 현실과 연결시킨다. "제 아이들이 어렸을 때 말했습니다. 너희들은 돈을 벌면 부모님께 십일조를 드려라." L교수는 교회에 십일조를 내고, 절에 시주하듯이 부모에게 감사의 성금 정례화를 현대의 합리적인 효로 보았다. 어려서부터 부모에게 당연히 돈을 드려야 한다는 이야기를 들어야만 실천된다는 주장이다. 초등학생 아이에게 성인이 된 후의 부모봉양 십일조 헌금이 '효자'를 키운다는 주장이다.

10

자식의 일탈은 엄하게 다스려라

"무릇 사람이 젊어서 호화로우면 장성하여 교만하고, 젊어서 고생을 겪으면 커서 성취함이 있다." 〈세종 21년 5월 4일〉

임금의 4남인 임영대군은 자유로운 영혼이다. 공부를 즐기지 않은 그는 여성 스캔들을 일으키기도 했다. 골머리를 앓던 세종이 황희와 허조에게 하소연했다.

"임영대군은 학문을 좋아하지 아니하고 여인을 가까이한다. 내가 여러 종친과 아들을 옳은 도리로 가르치려고 노력했다. 조금이라도 잘못하면 반드시 꾸지람을 했기 때문에 모두 감히 불의한 행동을 하지 못하였다. 그런데 임영대군은 두 번이나 여색으로 인해 꾸지람을 듣고도 뉘우치지 않는다."

세종은 종친이 여성 스캔들로 법을 위반하는 것을 경계했다. 그래서 왕자들에게 특별히 여성관계 등 문제 소지가 있는 것은 자신과 먼저 상의하도록 교육했다. 임영대군은 어떤 문제를 일으켰을까. 그는 기생 금강매를 좋아했다. 이 사실은 어머니인 소헌왕후를 통해 아버지 세종의 귀에 들어갔다. 세종은 만남을 허락했다. 그런데 임영대군은 내자시의 여종인 막비와도 비밀리에 사귀었다. 막비가 소헌왕후의 시녀가 되었는데도 관계는 계속됐다. 또 내자시 소속 가야지가 후궁의 시녀가 되었는데도 만남을 계속해 임신을 시키기에 이르렀다. 이 사실을 안 소헌왕후는 울면서 훈계하였으나 아들의 일탈행위는 멈추지 않았다. 대궐의 궁녀는 임금 외의 남성은 가까이 할 수 없다.

세종은 아들을 용서하기 위해 구실을 찾았다. "두 계집종은 모두 내게 관여되지 아니하므로 무방할 듯하다." 임금의 수발을 드는 궁녀가 아니기에 왕자가 사귀어도 큰 흠은 아니라는 입장이었다. 하지만 계속된 여성 편력에는 선을 그었다. 그리고 일벌백계를 결심했다. 21년 5월 4일 도승지 김돈을 불러서 말했다.

"임영대군을 징계하지 아니할 수 없다. 임영대군을 용서하면 여러 아들을 어떻게 경계하겠는가. 대신들과 의논하여 이미 직첩을 거두고, 말과 마부는 그 집에 가두어 방문객과 통하지 못하게 하였다."

직첩은 고신으로 품계와 관직을 표기하는 임명장이다. 즉 대군으로서의 혜택을 회수했다는 뜻이다. 세종은 18남 4녀를 두었다. 한 명의 자녀를 정에 치우쳐 징계하지 못하면 많은 왕자를 통제할 수 없다. 임금은 이에 임영대군을 강하게 처벌한 것이다. 그러나 임금은 처벌은 하되 아들의 입장을 고려했다. "임영대군은 성품이 본래 학문에 게으르고 행동이 광망하므로 징계했다. 다른 사람들을 깨우치게 한 것"이라는 짧은 메시지만 발표했다. 징계만 하고 사유를 세상에 말하지 않았다. 이에 신하들이 문제를 제기했다. 황보공이 처벌 사유 공개를 요청했으나 임금은 거절했다.

"임영대군은 성품이 본래 배우기를 게을리하고 행동이 광망함이 많다. 형제가 많기 때문에 그 직첩을 거두어서 여러 아들들을 경계하려 함이다. 무릇 사람이 젊어서 호화로우면 장성하여 교만하고, 젊어서 고생을 겪으면 커서 성취함이 있다. 임영대군의 죄는 말할 수 없다. 종사(宗社)에 관계되는 죄도 아니다. 또 이를 규찰함은 종부시의 직책이다. 대간에서 간여할 바가 아니다."

그래도 여론이 계속 악화되자 임금은 정효강을 불러 말했다.

"임금이 이미 단정한 일을 신료들이 뒷이야기를 캐묻고, 찾아내는 것은 무례하다. 종친의 위법은 백성들의 관계부서에서 다스리지 않는다. 이는 종친을 후하게 대접한 뜻이었다. 먼 종친에게도 그러하거늘, 하물며 친아들은 말해 뭐하겠는가. 임영대군의 죄는 입으로 말할 수 없는 일도 아니며, 또 종사에 관계되는 일도 아닌데 어찌 유사(有司)들이 감히 논의할 바이겠는가. 그의 일은 작은 과실이니 내가 비록 논하지 아니하여도 좋다. 그러나 징계하여 여러 왕자들을 경계함이니, 이것도 역시 그의 불행이다. 너희 유사들은 알 필요가 없다."

그러나 정효강은 물러서지 않았다.

"해당 관청으로 하여금 캐묻게 함이 바로 여러 아드님을 징계하시는 것이옵니다."

계속된 설전에 임금은 단호하게 말했다.

"친족을 돈독히 하고 후하게 함은 예로부터 내려온 전통이다. 다른 사람에게 친족의 허물을 알리려고 하지 않음인데 신하들이 캐묻는 것은 무례하다. 다시는 묻지 말라."

11

소통의 방법으로 자식을 사랑하라

"임영대군이 금강매를 좋아함을 중전에게 들었다. 먼저, 내게 알리니 가엾기도 하다. 또 그녀가 처녀이니 문제가 될 게 없어 만남을 허락했다." 〈세종 21년 5월 4일〉

한국인의 삶은 2011년부터 중요한 변화가 일었다. 직장인들의 주5일제 근무가 시작된 것이다. 이는 자녀양육에도 영향을 미쳤다. 직장인 아버지가 가족과 함께할 시간이 늘어난 덕분이다. 친구같은 아빠의 뜻인 프렌디(friendy), 함께 놀아주는 플대디(play+daddy)가 익숙하게 됐다.

500여 년 전의 세종은 근엄한 아버지다. 자녀들은 호칭에서부터 '전하', '진상'으로 한다. 감히 범접할 수 없는 높은 존재다. 그럼에도 불구하고 임금은 자상한 프렌디 요소가 다분했다.

자녀에게 대화를 자청했다. 일을 결정하기 전에 아버지에게 먼저 상의할 것을 주문했다. 이성문제에 대해서도 차분하게 이야기를 들어줬다. 임영대군이 금강매라는 여인에게 관심이 있음을 아뢰었다. 임금은 "먼저 상의를 한 점을 높이 산다. 너도 여인도 가엾다"고 만남을 허락했다.

내용 못지않게 아버지에게 보고하고 상의하는 아들을 원한 것이다. 이는 권위주의 전형으로 볼 수도 있다. 그러나 조치는 아들을 이해하려는 부정(父情)이었다. 보고를 받고, 아들의 입장에서 정겹게 생각하는 프렌디 요소가 진하게 배여 있는 것이다.

당시는 왕실의 번영을 위해 왕자가 많은 여인을 거느리는 것을 당연시했다. 그러나 사귈 수 있는 여인이 있고, 그렇지 않은 상대가 있다. 임금이 생각하는 왕자들의 이성 문제 기준은 도덕성이다.

건전한 풍속을 해하지 않아야 했다. 이성을 사귈 때 먼저, 상의하라고 한 것도 풍속저촉 여부를 알기 위함이었다. 임금은 안평대군의 여자 친구는 불허하고, 임영대군의 여자 친구는 허락했다. 안평대군은 동생인 광평대군의 여종인 부전을 좋아했다. 임금은 법적인 문제는 없으나 도덕적으로 깨끗하지 않음을 들어 반대했다. 이에 비해 임영대군이 사귄 금강매는 기생이었다. 따라서 도덕적인 문제는 없다고 판단하여 인정한 것이다.

12

식사시간을 이용해 자식과 대화를 하라

"나는 날마다 세자와 더불어 세 차례씩 같이 식사한다. 밥을 먹은 뒤에는 세자가 동생들에게 옛 교훈에 대해 말하게 한다." 〈세종 20년 11월 23일〉

철학자 칸트는 '가장 행복한 순간은 사랑하는 사람과 맛있게 먹을 때'라고 했다. 세종은 행복을 가족과의 식사에서 찾았다. 세자와 식탁 소통을 했다. 왕은 하루 다섯 차례 음식을 접한다. 아침, 점심, 저녁 외에 이른 아침의 쌀죽과 밤의 야참을 들었다. 임금의 식탁은 세 개로 구성된다. 왕은 원형의 큰 식탁에서 수라를 들고, 둥근 작은 식탁에는 기미상궁이 자리하고, 전골 상궁은 책상반 앞에서 전골 시중을 든다.

왕이 수라를 들 때 독의 유무는 기미상궁이 먼저 맛보아 확인했다. 또 세자도 왕의 식사와 투약 때 미리 맛보는 역할을 종종 했다. 효의 관점과 함께 권력의 잠재적 경쟁자라는 현실이 적용된 것이다. 세종의 경우는 소헌왕후도 음식을 확인했다.

임금은 식사를 혼자 한다. 그런데 세종은 아들과 아침 점심 저녁 세 끼를 같이 했다. 이러한 파격적인 조치는 아들과의 소통 교육 차원이었다. 임금은 20년 11월 23일 경연에게 말했다.

"부자지간은 아주 친밀해야 한다. 그런데 눈에서 멀어지면 마음에서도 멀어진다. 이 같은 사례는 아버지 태종과 형인 양녕대군에게서 찾을 수 있다."

임금은 이 같은 문제를 예방하는 방법으로 밥상머리 교육을 제시했다.

"나는 날마다 세자와 더불어 세 차례씩 같이 식사한다. 밥을 먹은 뒤에는 세자가 동생들에게 옛 교훈에 대해 말하게 한다. 나도 또한 수양대군에게 공부를 가르쳐 준다."

식사 자리에는 막내인 영응대군이 늘 함께 했다. 세종은 유교(遺敎)에서 "영응대군이 늘 내 곁에서 밥을 먹었다. 그래서 음식의 소중함을 알았다"고 했다.

임금이 세자와 식사를 같이 한 가장 큰 목적은 친밀감 조성이다. 아들을 지극히 사랑하고 있음을 전해주려는 의도다. 식사에서 오는 포만감은 심리적으로 여유 있게 하고 정서적 안정감을 가져온다. 가족과의 식사 때는 스트레스를 줄이는 옥시토신 분비가 왕성해지는 까닭이다.

그래서 식사 후 대화는 여느 때보다 부드러워지는 경향이다. 임금은 아들과 함께 식사를 즐기면서 대화를 한 것이다. 세종은 양녕대군의 실패 사례를 거울삼았다. 태종은 양녕대군으로부터 문안 인사를 받았으나 동반 식사를 정례화하지 않았다. 또 아들이 비행을 계속하자 문안도 받지 않았다. 이는 부자 사이를 더욱 멀리하게 하는 결과로 이어졌다.

세종은 식사를 하면서 아들과 자연스러운 대화를 했다. 공식적인 대화 시간이 아닌 사적인 영역의 마음 나눔이었다. 아버지의 뜻을 자연스럽게 아들은 받아들였고, 아들의 생각을 아버지는 느낌으로 얻는 시간이 되었다. 세자가 세종의 뜻을 절대적으로 받들고 불만이 없었던 것은 이 같은 자연스러운 소통이 있었기 때문이다.

다음은 위계질서 확립 효과가 있다. 왕실과 신하들에게 세자의 권위를 확실히 세워주는 결과가 되었다. 조선 초기 왕위 계승은 원칙 보다는 실력으로 좌우됐다. 태조는 막내왕자를 세자로 세웠고, 태종은 다섯째 아들이지만 등극했다. 세종도 큰 형인 양녕대군이 폐세자가 되는 정국의 변화로 셋째 아들임에도 불구하고 왕위에 올랐다. 세종은 적장자 계승체제를 간절히 바랬다. 즉위 3년 만에 일곱 살인 큰아들 향을 세자로 책봉한 것은 일찌감치 대권에 대한 입장을 분명히 한 것이다. 세자와 매일 식사를 같이하는 것은 주위에 안정된 후계체제를 선언하는 의미가 있다. 세자 외에는 감히 대권을 넘보지 말라는 메시지다. 그 결과 몸이 약한 세자가 아무런 반대 없이 문종으로 등극할 수 있었다.

셋째는 공부 효과다. 최고 석학인 아버지와의 대화는 아들의 공부에 대한 열정과 잠재력을 자극할 수 있다. 세자는 임금과 공부 대화로 실력을 향상시켰다. 세자는 아버지에게 배운 내용을 동생들에게 가르치는 것으로 학습력을 극대화했다. 밥상머리 교육효과는 현대의 여러 연구에서도 확인되고 있다. 하버드대의 미취학 아동의 언어 습득 능력 연구에 따르면 아이들의 사용 단어 2000여 개 중 부모가 책을 읽어줄 때 나왔던 단어는 140여 개였다. 그러나 식사 중에 나온 단어는 1000여 개로 매우 풍부했다. 식탁에서는 다양한 주제의 대화가 가능한 덕분이다.

가족의 식사 중요성은 여러 보고서에서 공통적이다. 콜럼비아대 CASA연구(2011년)은 가족의 저녁식사 횟수가 많을수록 가족 유대감이 높아짐을 보고 했고, 연세대학교 사회교육연구소도 어린이-청소년 행복지수보고서(2010년)애 따르면 행복하기 위한 조건으로 가족을 으뜸으로 들었다.

TIP 밥상머리교육 실천지침 10가지

1. 일주일에 두 번 이상 '가족 식사의 날'을 갖는다.
2. 정해진 장소에서 정해진 시간에 함께 모여 식사한다.
3. 가족이 함께 식사를 준비하고 함께 먹고 함께 정리한다.
4. TV는 끄고 전화는 나중에 한다.
5. 대화를 할 수 있도록 천천히 먹는다.
6. 하루의 일과를 서로 나눈다.
7. "이렇게 하면 좋을까?" 식의 열린 질문을 던진다.

8. 부정적인 말은 피하고 공감과 칭찬, 격려를 많이 한다.

9. 아이의 말을 중간에 끊지 말고 끝까지 경청한다.

10. 행복하고 즐거운 식사시간이 되도록 노력한다.

〈출처:교육과학기술부 서울대학교 밥상머리교육〉

13
형제의 우애를 소중히 여겨라 1

"양녕대군이 여러 번 법을 어겼습니다. 그럼에도 불구하고 전하는 예우를 최고로 하고, 그 아들에게 작록(爵祿)을 내리고 도성에 머물게 했습니다. 삼가 바라옵건대 전하께서는 대의(大義)로 결단해 그들의 작록을 회수하고, 먼 지방으로 내쫓으소서." 〈세종 10년 1월 16일〉

하늘에 해가 두 개 있으면 어떻게 될까. 혼란스러울 게 뻔하다. 왕정 시대의 해는 임금이다. 세종 시절에는 태양이 세 개나 있었다. 하나는 빛나는 해이고, 두 개는 잠재된 태양이다. 세종과 임금의 두 형인 양녕대군, 효령대군이다. 정치 생리상 신하들은 두 왕자를 제거하고 싶어 했다. 정국 안정을 위해서다. 실제로 정권의 불안 요소가 표면화되기도 했다.

태종 승하 2년 후인 세종 6년 3월 2일이다. 청주호장(淸州戶長) 박

광은 "양녕대군이 왕이 되면 백성들이 자애로운 덕을 받게 될 것"이라고 주장했고, 호장(戶長) 곽절은 한 술 더 떠서 "양녕대군이 임금이 되지 못해 백성이 덕을 받지 못한다"고 말했다. 이런 가운데 갑사 지영우는 "양녕대군이 수상하다"고 보고했다. 세종의 집권 초창기의 권위는 많이 흔들렸음을 알 수 있다. 대신들 입장에서는 정권 안보의 위협요소인 양녕대군을 제거해야 했다.

사헌부 집의 김종서는 양녕대군 탄핵 상소를 15차례나 올렸다. 임금이 거듭 윤허하지 않자 10년 1월 16일 상소에서는 격렬한 용어도 마다하지 않았다. "양녕대군에게 죄 주기를 소(疏)로 갖추어 신청했으나 윤허를 얻지 못했습니다. 분함을 견디지 못하겠습니다." 진노한 임금은 그를 곤장형으로 다스렸다.

세종은 혈연의 정으로 필사적으로 두 형을 보호했다. 빗발치는 탄핵 상소를 온몸으로 막아냈고, 나아가 지방으로 거주지가 제한된 양녕대군을 도성 안에 들어올 수 있도록 했다. 그 결과 양녕대군은 68세, 효령대군은 91세로 장수할 수 있었다.

세종은 형들과의 만남에서는 임금이 아닌 동생으로서의 예를 갖췄다. 5년 4월 7일 명나라 사신을 접견한 뒤 종친 대신들과 함께 피로연을 가졌다. 종친들이 임금에게 술을 올렸다. 효령대군이 술병을 들었을 때 왕은 일어나서 잔을 받았다. 사신은 임금과 효령대군의 예의에 대해 궁금해 했다. 황희가 설명했다. "임금과 신하의 예의로는 대왕이 일어서 술잔을 받으실 수 없소. 그러나 전하께서는 형제의 천륜을 중히 여기셨기에 일어서신 것이오."

세종은 사후가 걱정됐다. 임금은 왕권과 신권의 균형을 추구했다. 태종 때 강력해진 왕권을 유지하면서도 신하들에게 힘을 실어줬다. 집현전을 중심으로 한 일단의 세력을 세자를 떠받칠 중심축으로 구상했다. 이와 함께 왕자들에게도 정치수업을 시켜 신하들에게 끌려가지 않는 구도를 그렸다. 신하들과 왕자들의 세력 균형 속에 왕에게 충성을 다하는 그림을 꿈꾼 것이다.

세종은 승하 한 달 전에 큰아들 세자와 둘째 아들 수양대군을 불러 형제의 우애를 당부했다. 세자에게는 "나라의 안위가 네 한 몸에 달려 있다"고 했고, 수양대군에게는 "나라에 재난이 많으면 적극 세자를 도와야 한다"고 말했다. 이와 함께 나라와 인간의 유한함을 말한 임금은 신하들의 생리를 '이간질'로 설명했다. 임금이 죽는 순간 형제들의 허물을 공격하는 존재라는 것이다.

"신하는 임금이 죽는 그 날 즉시, 왕 형제들의 허물을 공격한다. 내가 죽는 날에는 너희 형제의 허물을 말하는 자가 반드시 많을 것이다. 너희는 모름지기 내 말을 잊지 말라. 항상 친애하고 믿는 마음을 가져라. 그러면 그들이 이간(離間)하지 못할 것이다. 만약 부득이해서 비록 죄를 주더라도 재삼(再三) 생각해라. 그 정리(情理)를 익히 헤아려서 속을 도려내는 듯한 아픔을 느껴야 옳을 것이다. 내가 처음 즉위하였을 때, 효령대군 등을 공격하는 자가 많았다. 내가 아니었던들 능히 보전하지 못했을 것이다."〈세조 총서〉

세종의 예측은 적중했고, 문종은 아버지의 뜻을 받들었다. 문종 1년 10월 8일 경연이 끝나자 우헌납 조원희가 수양대군과 안평대군의 처벌을 요청했다. 수양대군이 죄를 지은 중에게 목에 찬 칼과 발목에 찬 쇠사슬을 마음대로 풀어 주었고, 안평대군은 충청도 보은의 복천사에 많은 사람을 데리고 가 향연을 받았다는 주장이었다. 특히 향응을 받는 것은 큰 문제 소지의 발언이다. 아버지인 세종의 상을 당한지 얼마 되지 않은 시점에서 음주가무 접대를 받는 것은 반인륜적인 행위다.

문종은 상기된 표정으로 힐문했다. "안평대군을 따르는 사람이 몇 명인가. 분수에 지나쳤는가. 향연을 정말 받았는가. 어디에서 향연을 하였는가?" 임금의 완강함에 기가 질린 조원희는

"숫자는 정확히 알지 못하지만 사람들이 말하기를 '많이 데리고 갔다'고 합니다. 향연에는 감사와 수령이 어찌 없겠습니까?"라고 사실관계를 정확하게 대지 못했다.

임금은 또 "수양대군은 죄인의 칼을 풀어 준 이튿날 바로 아뢰었다. 무슨 뜻이 있는 게 아니고, 길에서 칼을 쓴 중을 만나자 불쌍하게 느꼈던 것이다. 안평대군은 복천사에 가겠다고 해서 내가 허락했다. 충청도에 연락해 그 일행의 식사와 말먹이를 챙기도록 했다"며 소리 높여 힐책했다. 조원희가 두려워하며 물러간 뒤 임금은 동부승지 노숙동에게 설명했다.

"신하는 바른말을 해야 한다. 근거 없는 말은 안 된다. 상사(喪事)를 당하여 향연을 받은 것은 큰일이다. 말을 과장하는 것이 옳지 않다. 두 동생은 바야흐로 국상(國恤)에 있어서 슬픔을 펼 곳이 없으므로 불도(佛道)에 의지하고 있다. 내가 어찌 금지시키겠는가."

수양대군도 왕으로 등극한 뒤 아버지의 유훈으로 고민했다. 신하들이 안평대군과 금성대군을 죽이라고 계속 요청함에도 한동안 귀를 닫았다. 아버지의 뜻과 형제의 정, 정권 안보의 충돌에서 버티기를 했다. 하지만 수양대군에게는 아버지 세종이나 형 문종과 같은 계속하는 힘이 부족했다. 세조의 동생 살리기 노력이 국조보감에 보인다. 금성대군이 세조의 등극에 반대하다 귀양 간 뒤다.

영의정 정인지가 금성대군을 법으로 처단하기를 청했다. 이에 대해 임금은 "금성대군을 귀양 보낸 것은 조심할 줄을 알게 하고자 함이다. 경들은 다시 말하지 말라"고 하였다. 왕자시절에 상(세조)은 금성대군에게 '주역'을 가르치고 가장 많이 사랑했다. 금성대군은 무사들과 함께 활쏘기 모임을 핑계로 사제(私第)에서 잔치를 자주 열었다. 대신들이 의심하여 논죄한 뒤 지방으로 귀양 보내었다. 그런데도 상은 손수 글을 써서 안부를 묻고 끊임없이 선물을 보내주었다. 〈국조보감〉

TIP 태종, 왕자의 이름에 형제애를 담다

태종은 12남 17녀를 두었다. 정권을 잡는 과정에서 골육상쟁의 아픔도 겪은 태종은 자녀들이 모두 우애있고, 평온하기를 바랬다. 이를 위해 태종은 3가지를 실천했다. 하나는 왕자의 군호에 안녕을 뜻하는 영(寧), 이름자의 변에 복을 의미하는 시(示)를 사용했다. 또 형제간의 위계질서를 위해 큰아들인 세자를 주어(主語)로 썼다.

먼저, 태종 왕자 군호의 공통자는 녕(寧)이다. 장자의 군호는 양녕(讓寧)이다. 여기에는 태종의 간절한 바람이 깃들어 있다. 양녕대군이 하늘의 복을 받고, 영원히 평안하기를 바란 것이다.

태종이 선택한 편안함을 뜻하는 영(寧)은 여러 문헌에서 찾을 수 있다. 시경의 국풍(國風)에는 귀령부모(歸寧父母)에서 영(寧)이 보인다. 부모를 뵈러 갈 때의 평온한 상태다. 좌전에 대한 주석에서 두예는 영문부모안부(寧問父母安否)로 영(寧)을 풀이했다. 부모의 안부를 묻는 상태다.

한서의 애제기를 주석한 안사고는 영위처가지상복(寧謂處家持喪服)이라고 했다. 집에서 상복을 입는 아들의 모습이다. 동아시아 고전속의 녕(寧)은 살아서나, 죽어서나 부모와 함께 하는 편안한 상태다. 또는 한 울타리안의 행복을 의미한다. 태종은 아들들이 한없이 평온하고 행복하기를 바라는 마음에서 군호에 녕(寧)을 넣은 것으로 볼 수 있다.

다음, 태종은 왕자의 항렬자의 변은 보일 시(示)다. 왕자들의 휘는 양녕대군 제(禔), 효령대군 보(示+甫), 충녕대군 도(祹), 성녕대군 종(示+重), 경녕군 비(示+非), 함녕군 인(裀), 온녕군 정(裎), 혜령군 지(祉), 익녕군 치(示+多), 근녕군 농(禯), 희령군 타(示+它, 후령군 간(示+干)이다. 휘의 변인 보일 시(示)는 제사 지내는 모습이다. 신(神)과의 소통을 의미한다. 농사가 잘 되게 하늘(神)에 비는 모습을 형상화한 글자다. 시(示)를 변으로 사용하는 글자 대부분이 제사, 축원과 연관 있는 이유다. 祀(제사 사), 神(귀신 신), 祝(빌 축), 祭(제사 제), 福(복 복), 祈(빌기) 등이다.

시(示)에는 행복의 의미도 담겨 있다. 태종은 하늘의 명인 천명을 받은 임금의 아들에게 복된 글인 시(示)자를 부여했다. 성자성손에 걸맞은 하늘의 복을 추구하는 아름다운 글자를 택한 것이다. 다만 효령대군 휘의 변은 문헌에 따라 보일 시(示)와 옷의(衣)로 차이가 난다. 보일 시(示)는 헌릉 신도비 탁본첩(규장각 소장)에서 확인할 수 있고, 옷의(衣)는 태종 18년 예문관대제학 변계량이 지은 헌릉신도비문과 고종 때 발간된 선원계보기략에 보인다.

그런데 형제의 휘, 변의 의미, 처음으로 돌에 새겨진 신도비문을 고려할 때 효령대군의 휘는 보일 시(示)가 유력하다. 옷의(衣)는 보일 시(示)의 오타일 가능성이 높다. 이에 선원강요와 헌릉지에는 휘의 변을 보일 시(示)로 정정한 상태다.[5]

마지막으로 태종은 형제간의 위계질서에 특히 신경 썼다. 왕자들과의 대화에서 세자를 내세웠다. 세자인 양녕대군의 권위를 지켜주기 위함이다. 단 적인 예가 태종 13년 12월 30일의 실록이다.

5 효령대군파종회의 공식입장은 옷의(衣) 변이다. 일부 효령대군 후손이 보일 시(示)를 주장하고 있으나 종친회 내부의 다수설은 옷의(衣)다.

하루는 세자와 여러 대군과 공주가 헌수(獻壽)하고 노래와 시(詩)를 아뢰었다. 충녕대군이 임금에게 시의 뜻을 물었는데, 심히 자세했다. 임금이 가상하게 여겨 세자에게 말하였다.

"장차 너를 도와서 큰일을 할 것이다."

여기에서 알 수 있듯이 태종은 똑똑한 충녕을 세자가 시기할 것을 우려했다. 그래서 충녕을 칭찬하는 대신, 세자에게 '너를 도와 큰일 할 것'이라고 설명했다. 주어를 세자로 해 서열을 분명히 했다.

14

형제의 우애를 소중히 여겨라 2

"임금이 왕세자를 거느리고 희우정(喜雨亭)에 거둥하여 전함(戰艦)을 구경하였다." 〈세종16년 9월 21일〉

2005년 10월 9일은 한글 탄생 오백 쉰 세 돌이다. SBS는 한글날을 맞아 '세종대왕의 친필' 최초 발견 보도를 했다. 개인이 소장하던 글을 찾아냈다고 했다. 제목은 "어사희우정효령대군방문(世宗大王御賜喜雨亭孝寧大君房文)"이다. 세종이 즉위 7년인 1425년 4월, 효령대군의 정자인 합강정을 방문했을 때 고대하던 비가 내린 사연으로 시작되는 글이다. 가로세로 2~3cm 크기의 해서체 글씨는 모두 10장에 이른다. 문서의 크기는 34.5x 53.0cm다. 마지막 장엔 '국왕 아우 도(祹)'라는 글씨가 있다. 일부 문화재 전문가는 세종대왕의 글씨가 확신하다는 견해를 밝혔으나 일부에서는 판단을 유보하고 있다. 세종대왕의 친필 여부 논란은 있으나 "어사희우정효령대군방문"은 임금의 형제애에 대한 감동을 다시 일깨우게 한다.

세종은 7년 4월에 기우제를 지냈다. 며칠 뒤 임금은 한강변에 있는 효령대군의 정자를 찾아 형제의 정을 나눈다. 술을 반쯤 마셨을 때 하늘에서 간절히 바라던 비가 쏟아졌다. 임금은 크게 기뻐하여 정자 이름을 합강정(合江亭)에서 희우정(喜雨亭)으로 바꾸었다. 모두 528자인 내용은 다음과 같다.

태백과 우중은 주나라의 어진 사람이다. 천하를 양보하고 문신한 채 오랑캐 땅에서 살면서 인(仁)을 실천했다. 공자가 이를 찬양했다. 수천 년 후에 내가 그 고귀한 뜻을 우러렀다. 그러나 아득히 먼 시절의 성인을 찾지 못하다가 이제 양녕과 효령 두 대군에게서 아름다움을 본다. 두 대군은 나의 형님이다.

두 분은 태백과 우중의 덕으로 백이와 숙제의 아름다움을 이루었다. 몸을 깨끗이 하고 멀리 떨어져 생활했다. 부귀를 초개와 같이 여기고 소리와 색의 아름다움에 현혹되지 않았다. 옥과 비단의 치부에 행실을 더럽히지 않고 사물의 밖에서 소요했다. 장차 조용한 삶을 위해 두 형님은 양화진에 정자를 지어 거처했다.

강의 하류에 위치한 이 정자는 주변에서도 경치가 특히 빼어난 곳에 자리 잡았다. 두 대군이 아니면 족히 두 정자의 이름을 사무칠 수 없다. 두 정자가 아니면 족히 두 대군의 거처로 합당하지 않다. 무릇 땅이 있은 후에 사람이 있는 법이다. 옛적에 이른바 '인걸은 땅의 영령'이라 함이 가히 이를 일컬음이라 하겠다.

삼각산이 북쪽에 우뚝 솟고 웅장한 돌림이 중첩되어 있다. 한 가시가 구불구불 서쪽으로 구비 달려 양화진에 이르고, 잠실벌의 봉우리로 홀로 우뚝 솟아 사뭇 높다. 서리고 웅거한 형상과 당기고 이끄는 지세가 이보다 더한 것이 없도다. 어질도다. 두 형님들이여! 인(仁)을 구하려다 아름다움을 얻고, 그 땅에 정자를 지어 거처함이 편안하도다. 효령대군의 정자는 합강에 있고, 양녕대군은 그 서쪽에 거처한다. 강변에 세운 누각이 많지만 비교할 바가 아니다. 효령대군이 홀로 이 땅에 정자를 세운 것은 그 영함을 취하여 터를 잡은 것이 아닌가.

내가 박덕하여 이 가뭄을 만나 양강에서 친히 고사를 지냈다. 합강정을 찾아 효령 형님과 더불어 마음을 털어놓고 정담을 나눴다. 술을 반잔 마실 때 단비가 세차게 내렸다. 백성이 농사를 지을 수 있게 돼 천만다행이다. 이 큰 기쁨에 정자 이름을 합강정에서 희우정으로 바꾸었다.

그 터가 동쪽은 용담현에서 서쪽으로 건천에 이르고, 북쪽은 구룡현에서 남쪽으로 강두에 이르러 경계한다. 친히 액자를 제서 한다. 비록 천 년 뒤라도 오늘날과 같이하여 영원히 보존되도록 하라. 빙어(氷魚)의 세는 해빙에서 결빙까지 받고, 얼음 창고를 열 곳에 설치하여 희우정의 재원으로 삼게 한다. 강의 아랫마을 사람에게도 혜택이 돌아가도록 한다. 공사 간에 걸쳐 두루 편하게 하려는 나의 뜻을 알아주기 바란다.

〈등극 7년 을사(1425) 4월 정축에 국왕 아우 도(祹)〉

임금의 희우정 행차는 7년 5월 11일 실록에도 보인다.

"짐이 말을 탄 지가 오래되었으니 교외에 나가 농사 상황을 보겠다. 효령대군이 강위에 정자를 짓고 나에게 와서 보라고 청했다. 오는 13일에 효령과 함께 갈 것이니 그대들은 그리 알라."

임금은 예정대로 5월 13일 도성 밖으로 행차했다. 왕은 모화루에 거둥하여 서변에 머무르면서 격구를 구경했다. 이어 효령대군이 정자에 도착했다. 강 언덕에 자리한 정자에 앉아 군사들의 포(砲) 사격 훈련을 보았다. 또 군사들의 승마와 활솜씨를 관람하고 주연을 베풀었다. 효령대군에게 안장을 갖춘 말과 도성 근처의 농토 40여 섬지기를 하사했다.

이날 임금은 홍제원 양철원에서 영서역 갈두들에 이르기까지 고삐를 잡고 천천히 이동했다. 행차 중에 밭에 밀 보리가 무성한 것을 보고 크게 기뻐했다. 효령대군의 정자 위에 올라 막 잔치를 벌이는데 마침 큰 비가 쫙쫙 내렸다. 잠깐 사이에 네 개의 들에 물이 가득했다. 임금이 매우 기뻐해 정자 이름을 희우정(喜雨亭)으로 지었다.

세종이 희우정으로 이름 짓자 부제학 신장이 현판을 써 걸었다. 임금의 뜻을 빛내기 위함이다. 훗날 효령대군은 변계량에게 글을 지어 줄 것을 청했다. 변계량은 희우정 기문(記文)을 썼다. 그는 유려한 필치로 감동에 벅찬 글을 지었다.

효령대군이 말했다. "주상께서 농사일을 순시하며 이 정자를 찾으셨습니다. 술과 음식, 말을 하사하셨습니다. 그때는 한창 파종하는 농사철이었는데 물이 부족했습니다. 술을 반쯤 들었을 때 장대비가 내리기 시작해 하루종일 쏟아

졌습니다. 임금께서 '희우'라는 정자 이름을 하사하셨습니다." (---)

덕은 대소가 있고, 지위는 고하가 있고, 통함은 넓고 좁음이 있다. 이중 크게 통함의 묘를 다하는 것은 제왕의 직무이고, 성인(聖人)의 일이다. 임금은 하늘이 내시고, 세상에 다시없는 성인의 학문을 빛내셨다. 중화의 덕을 이루시고, 천지에 자리 잡으시고, 만물을 기르는 효험을 극진히 하셨다. 그야말로 넓고 커서 감히 이름할 수 없도다. 오늘의 이 일은 그 중의 한 가지일 뿐이다. (---)

희우정 건립은 왕위계승과 관계가 깊다. 태종은 첫째왕자인 양녕대군을 폐세자하고 셋째왕자인 충녕대군에게 보위를 물려주었다. 큰아들에게 문제가 생기면 둘째아들이 큰일을 맡는 게 자연스럽다. 그러나 효령대군은 둘째 왕자임에도 불구하고 왕이 되지 못했다.

왕위 계승에서 밀린 효령대군은 전국의 사찰을 찾아 많은 시간을 보냈다. 주유천하를 한 것이다. 효령대군은 도성에 돌아와 쉴 곳으로 세종 6년에 양화진에 정자를 짓고, 합강정이라고 이름했다. 다음 해에 세종이 행차해 '희우정'을 친히 제서 했다.

세종은 자주 희우정을 찾았다. 형인 효령대군의 안부를 묻는 동시에 군사훈련 점검 차원이었다. 27년에 효령대군에게 말과 안장을 선물하고, 희우정 인근 주민 15호에게 각각 쌀 1섬을 내렸다. 이때 대대적인 군사훈련을 실시했다. 지중추사 이장이 군사를 거느리고 주화질여포를 발사했다. 당시 훈련은 실전을 방불케 했다. 훈련에는 세자를 비롯하여 왕자들이 참관한다. 32년에는 중국사신을 초청, 연회를 베풀었다. 이후 성종 때까지 역대 왕들이 행차해 세종과 효령의 우애를 생각하면서 군사, 외교, 권농의 장으로 활용했다.

희우정 소유자인 효령대군은 89세 때에 증손자 주계군 심원에게 정자와 세종대왕이 쓴 사패문(賜牌文)과 당부의 글을 준다.

"여러 증손 중에 네가 가장 성품이 방정하고, 독서를 좋아하고, 품행과 의리가 있어 종실 가운데 으뜸이다. 희우정과 성상께서 내려주신 어선세와 열음 창고의 시설, 어필의 완문을 너에게 전한다. 너는 공경하여 모셔라. 이는 성상께서 나에게 내려주신 것과 같으니라. 마음을 다하여 삼가고 경계할지어다."

희우정은 성종 15년에 소유자가 성종의 형인 월산대군으로 바뀐다. 월산대군은 정자를 보수하고, 망원정(望遠亭)으로 이름했다. 망원정은 '멀리 있는 경치도 잘 본다'는 뜻이다. 성종은 세종처럼 이곳을 자주 찾았다. 형을 뵙는 동시에 백성의 농사 상황을 살피는 게 목적이었다. 또 화포실험 등의 군사훈련을 참관하고, 신료들과 시주(試酒)를 즐기기도 했다. 그러나 월산대군이 숨진 뒤에는 정자를 찾지 않았다.

2장

아이에게 동기부여를 하라

1

큰 그림을 그리게 하라

"대장부가 이 세상에 태어나서 한번 죽는다면 사직에서 죽는 것이다. 나는 혼자서라도 가겠다. 계속 만류하는 자가 있다면 그부터 목을 베겠다." 〈연려실기술 세조, 정난조〉

세종의 교육은 더 큰 그림을 그리게 하는 것이다. 작은 생각을 더 크게 키우도록 격려했다. 세종에게 수양대군은 흡족한 아들이었다. 자신과 마찬가지로 실용 정신이 강했기 때문이다. 세종은 현실주의자다. 임금이 공부를 한 가장 큰 목적은 실생활에의 활용이다. 독서에서는 인격 함양에도 관심을 가졌지만 실용에 무게를 더 뒀다. 신하들의 관념적이고 사변적인 공부에 대해 손을 내젓기도 했다. 임금에게 백성의 생존 문제보다 더 중요한 것은 없었다. 이는 크게 국방과 먹을거리로 생각할 수 있다. 고려 후기 200년 동안 계속된 혼란은 조선 건국으로 안정기로 접어들었다. 홍건적, 몽골족, 왜구 등의 위협에서 어느 정도 안심할 처지가 되었으며 피폐되었던 해안의 농경지 경작도 계속 늘었다.

그러나 농업 생산성이 높지 않았다. 농사는 하늘의 날씨에 절대적으로 의존한다. 관개시설이 발달하지 않은 당시에 한발과 가뭄, 홍수는 흉년으로 이어져 백성은 끼니를 걱정해야 했다. 실제로 임금 즉위 후 10년간 흉년이 들었다.

따라서 세종의 실용정치 핵심은 먹을거리 확보였다. 임금은 1년 2월 12일, 연이은 흉년을 걱정했다. 굶어 죽는 백성이 없도록 잘 살피라는 왕지를 내렸다. 여기에서 임금은 민유방본 식위민천(民惟邦本, 食爲民天)이라고 했다. 백성은 나라의 근본이요, 백성은 먹는 것을 하늘과 같이 우러러본다는 뜻이다. 정치인은 백성의 굶주림을 우선 해결해야 한다는 뜻이 담겨있다.

세종 시대에 경상도 남해를 비롯하여 전국에서 농토 개간사업을 하고 측우기, 해시계 등의 과학기구를 설치에 신경 쓴 것은 농업 생산성 향상과 관계 있다. 또 농사직설을 간행해 농민들에게 알리도록 했다.

임금은 19년 7월 23일 각도 관찰사에게 특별지시를 했다. 백성을 잘 안내하여 농사직설 등에 나온 경작법을 실천하도록 한 것이다. 이때도 임금은 '먹는 것은 백성에게 으뜸이 되고 농사는 정치의 근본이다. 수령들의 직무 중 권농(勸農)보다 중한 것이 없다'고 했다. 임금은 즉위 1년에 농사직설을 지어 전국에 배포했다. 그러나 홍보와 책자 부족으로 농민이 거의 활용하지 못했다. 이에 다른 농업서적을 더 발간하고 배포를 수령들에게 지시한 것이다.

아버지의 농업에 대한 특별한 관심을 잘 아는 수양대군은 농사를 직접 지었다. 세조실록 총서에는 수양대군이 나라 동산을 경작할 때 세종이 농업서적을 내려준 기록이 있다.

> 당초 농사에 뜻을 둔 수양대군이 세종에게 청하여 후원(後園)의 못을 메워 밭으로 만들었다. 이를 본 세종이 대궐 북쪽의 나라 동산을 다 경작할 계획을 세웠다. 사람들은 모두 어려운 일이라고 했다. 그러나 수양대군은 홀로 이 계획에 찬성했다. 수양대군은 직접 쟁기 등의 농기구로 이틀 사이에 땅을 다 갈았다. 이에 세종이 수양대군에게 농서(農書)를 내려 주었다.

수양대군은 대궐 안팎을 오가며 자랐다. 밭갈이를 해본 경험도 있다. 농사일은 자연환경에 의존해야 한다. 때를 놓치면 1년을 기다려야 한다. 시기에 맞춰 계획된 일을 마치지 못하면 수확을 기대하기 어렵다. 수양대군은 이를 알고 있었다. 이에 비해 고위관료들은 농사일은 직접 하는 경우가 거의 없었다. 그렇기에 예상되는 어려움으로 걱정을 먼저 한 것으로 볼 수 있다.

그러나 수양대군은 직접 쟁기를 잡고 땅을 파헤쳐 밭으로 만들었다. 아버지는 아들이 후원에 밭을 경작한 것을 보고 기뻐했다. 아들에게 나아가 대궐 북쪽의 산을 아예 밭으로 만들라는 큰 그림을 제시했다. 작은 것에 만족하지 않고, 더 큰 그림을 그릴 수 있도록 안내했다. 또 큰 계획을 실천한 아들의 성실성과 실천력을 농서(農書)로 포상했다.

작은 실천을 칭찬받고, 더 큰 계획을 세우는 것을 지켜본 수양대군은 즉위 후 많은 업적을 남길 수 있었다. 천자국에서만 행하는 하늘에 대한 제사를 복원했다. 조선은 명나라의 제후국을 표방했지만 세조로 등극한 수양대군은 황제국에 걸맞은 큰 그림을 그렸다. 즉위 6년의 여진 정벌은 오로지 그의 의지였다. 중신인 신숙주는 명나라와의 관계 등을 고려해 여진 토벌을 망설였다. 이에 세조는 "기회는 항상 오는 것은 아니다. 머뭇거리는 것은 좋은 방법이 아니다"며 거병을 단행해 북방을 안정시켰다.

또 경국대전 골격을 완성하고, 전국적인 향토방위체제인 진관(鎭管)체제를 확립했다. 아버지 때부터 이어진 토지개간과 대규모 사민(徙民)정책으로 농업생산력을 높였다.[6]

큰 그림을 그린 수양대군의 의지는 계유정난 때 측근들에게 한 말에서 잘 나타난다. 거병을 주저하는 이들에게 단호하게 말했다.

6 사민정책(徙民政策)은 고려시대 윤관이 북방에 9성을 쌓은 뒤 사람을 이주시킨 게 시작이다. 본격적인 사민은 조선 세종 때 사군육진을 개척한 이후다. 세종은 1433년에 경원부 자리에 설치한 영북진에 강원, 충청, 전라, 경상도 주민을 대거 이주시켰다. 조선의 북방지역 사민정책은 성종 때까지 계속됐다.

"나는 너희들을 강요하지 않겠다. 따르지 않을 자들은 가라. 대장부가 이 세상에 태어나서 한번 죽는다면 사직에서 죽는 것이다. 나는 혼자서라도 가겠다. 계속 만류하는 자가 있다면 그부터 목을 베겠다." 〈연려실기술 세조, 정난조〉

2

자녀에게 주는 최고의 선물은 책이다

"세종이 세조가 문학을 좋아한다고 하여 친히 자치통감(資治通鑑)을 내려 주었다."〈세조실록 총서〉

공부를 잘하기 위한 첫째 조건은 관심이다. 공부할 내용에 흥미가 있어야 능률이 오른다. 좋아하는 분야는 지능지수에 상관없이 높은 성취도를 보인다. 일이 아닌 재미로 할 수 있기 때문이다.

세종은 특정분야에 관심을 가진 아들의 능력을 끌어올리는 방법을 알았다. 임금은 아들들이 문과 무를 겸비하기를 원했다. 두뇌가 비상한 수양대군은 청소년기에 활쏘기와 무예에 더 관심을 보였다. 수양대군은 네 살 무렵부터 책에 관심을 가졌다. 어린 시절에 읽지 않은 책이 없을 정도였다. 그런데 호방한 기질도 뚜렷한 수양대군은 어느 순간부터 무인들과 어울리면서 신체활동에 더 열성을 보였다. 나라의 사냥을 겸한 군사훈련인 강무에 열세 살 때부터 참가했다. 무사들로부터 신궁이라는 평가를 들을 정도로 실력도 월등했다.

이런 수양대군이 스무 살 무렵에 문학책을 가까이하는 빈도가 높아졌다. 이를 들은 세종은 곧바로 자치통감 책을 선물했다.

세종은 18년 2월에 문학을 좋아하는 아들에게 '자치통감'을 선물했다. 이 무렵에 수양대군은 고금의 서사(書史)를 두루 보았고, 성리학에도 정통하였다. 아버지로부터 책 선물을 받은 수양대군은 다짐했다. "천하의 서적을 다 읽지 않고서는 나는 다시 활을 잡지 않겠다."

독서에 다시 관심을 보이던 수양대군에게 임금의 책 선물은 커다란 동기부여가 되었다. 아버지는 자녀에게 나침반 역할을 한다. 임금도 여느 아버지와 마찬가지로 아들에게 길을 알려주는 멘토다. 대궐은 목숨이 오가는 권력투쟁의 현장이다. 임금과 신하는 팽팽한 긴장의 관계이고, 왕자와 왕자는 눈에 보이지 않는 신경전을 계속할 수밖에 없는 게 현실이다. 아버지이자 임금은 왕자들에게 거친 세상을 안전하게 살아갈 수 있는 실질적인 처세술을 본능적으로 가르쳐 준다.

세종은 그 방법을 책에서 찾았다. 세종에게 자치통감은 특별한 의미가 있다. 자치통감은 중국 16개국의 역사를 담은 294권의 책이다. 임금은 경연에서 자치통감을 교재로 채택할 참이었다. 신하들의 반대로 뜻을 이루지 못한 세종은 아들에게 읽게 한 것이다. 임금은 당시 관료인 유학자들이 인생 방향을 탐구하는 철학서에 치우친 점을 우려했다. 현실 정치를 담은 실용서를 같이 공부해 균형감각을 유지하기를 바랐다. 그러나 신하들은 자치통감은 책의 권수가 너무 많다는 이유로 반대했다. 속내는 경연에서 유학서가 아닌 정치역사책이 주류가 될 것을 염려한 것이다. 임금은 경연에서 자치통감을 채택하지 못했지만 집현전 학자들에게 해설서를 편찬하도록 지시했다. 그리고 밤마다 주석본의 모든 구절을 손봤다.

임금은 이토록 관심을 보이는 책을 아들에게 선물했다. 책에서 현실정치를 읽고 처세술을 배우라는 의미가 담겨있는 것이다. 이는 몸과 마음을 닦아 인성 함양과 함께 현실정치에 눈 뜨라는 뜻이 숨겨져 있다. 조선 초기는 신권 세력이 비대했다. 요즘으로 생각하면 대통령중심제보다는 내각책임제 성격이 강했다. 왕권이 강화되려면 임금이 믿을만한 인물들로 주위를 채워야 한다. 조선 초기 군주는 왕자 생산에 많은 관심을 기울였다. 태종과 정종은 세종에게 후궁을 들이도록 적극적으로 조언했다. 신권을 억누르려면 왕실이 튼튼해야 했기 때문이다.

물론 세종이 생각한 왕자들의 현실정치 파악과 역량 강화는 형인 세자의 힘이 되라는 게 전부였다. 그런데 수양대군은 더 큰 희망으로 확대해석한 듯했다. 세자인 형이 있지만 실낱같은 왕권 가능성도 점쳐볼 수도 있는 상황이었다. 당시 정국 상황에서 수양대군은 은근한 대권 가능성을 보았을 수도 있다. "천하의 서적을 다 읽지 않고서는 나는 다시 활을 잡지 않겠다"는 분명한 의지 표현은 특정 목표가 없는 한 생각하기 어렵기 때문이다.

또 정국은 적장자가 왕위를 물려받는 전통이 세워지지 않은 상태였다. 태조는 막내인 의안대군을 세자로 지명했고, 태종은 다섯째 아들이었다. 세종도 셋째였다. 다만 정종이 실질적 큰아들이고, 세자(훗날 문종)도 큰아들이지만 여전히 장자계승의 입지가 확고한 것은 아니었다. 능력 있는 왕자라면 대권을 충분히 노려볼 상황이었다.

세종은 책을 통해 수양대군에게 충분한 동기부여를 하게 한 셈이다. 수양대군은 책을 받는 순간 큰 꿈을 그렸고, 훗날 왕위에까지 오르는 극적인 사건의 씨앗이 되었다.

이처럼 책 선물의 기대효과는 상상 이상일 수 있다. 따라서 어린이와 청소년에게 책 선물은 인생의 큰 그림을 그리는 원천이 될 가능성이 있다. 프랑스인들이 크리스마스 때 가장 받고 싶어 하는 선물이 책이라고 한다. 2018년 기준으로 프랑스인들의 크리스마스 선물 선호순위는 책, 초콜릿, 향수였다. 그러나 우리 사회는 갈수록 책을 찾는 이들이 줄고 있다. 이는 매우 우려할만하다. 독서를 하지 않은 나라의 시민은 발전 가능성이 낮기 때문이다.

새로운 정보는 시각 촉각 청각 후각 미각 등 오감으로 받아들인다. 새로운 소식은 자신의 경험과 연관되면 쉽게 이해되고, 곧 의미 있는 정보로 받아들인다. 어린이와 청소년이 공부를 잘하기 위해서는 많은 독서가 필요한 이유가 여기에 있다. 독서를 많이 해 간접경험을 충분하면 새로운 정보를 경험 하는데 있어 활용해 연결하는 힘이 강해진다. 공부할 때 경험은 가이드 역할을 한다. 누군가 안내를 하면 더 많은 이야기를 시행착오 없이 받아들일 수 있다. 따라서 독서라는 경험이 반드시 필요하다.

3

시를 통해 문학적 감성을 키우게 하라

"장풍파낭회유시(長風破浪會有時), 직괘운범제창해(直挂雲帆濟滄海)!"
〈행로난(行路難)〉

후진타오 중국 주석이 2006년 미국을 방문했을 때 인용한 행로난(行路難)'이라는 시다. 행로난은 원래 한나라 시대의 민요였는데, 후에 이백 등 많은 문인이 응용하여 인생행로의 어려움을 노래하였다. 행로난 중 위 구절은 '바람 타고 파도 헤쳐 갈 때가 반드시 오리니, 돛을 높이 달고 큰 바다 건너리라'는 뜻이다. 중국과 미국의 관계가 잘 풀릴 것이라는 의미다.

외교에서 시가 이용된 것은 세종 때도 마찬가지다. 임금은 시에 관심이 있지만 산적한 국사를 생각, 글쓰기를 거의 하지 않았다. 좋은 생각이 나면 실천에 바쁜 임금에게 서예나 글쓰기는 눈에 들어오지 않았던 것이다. 그러나 왕자에게는 시와 글쓰기, 그림 그리기 등의 문학 활동을 지원했다. 세종이 문학적 재능을 가장 인정한 아들은 안평대군이었다. 그는 인왕산 기슭에 집을 짓고 살았다. 그러나 집의 이름인 당호가 없었다. 세종은 고전을 찾아본 뒤 '비해당(匪懈堂)'이라는 이름을 지어줬다.

세종은 1442년 6월 아들이 입궐했을 때 당호를 물었다. 아들이 대답을 하지 못하자 아버지는 안일하고 평이한 당호인 안평(安平)에게 게으르지 않은 부지런함을 뜻하는 비해(匪懈)라는 당호를 내렸다. 안평대군은 뛸 듯이 기뻐했다. 감사한 마음에 비해당에 맞는 글을 문사들에게 구했다. 시, 그림, 문장에 뛰어난 안평대군은 집현전 학자들과 막역한 사이였다. 수시로 학문을 토론하고 연회를 베푸는 그에게 학자들이 구름처럼 모였다. 훗날 사육신이 되는 성삼문, 박팽년, 하위지, 이개는 물론이고 신숙주, 서거정, 정인지 등도 가까웠다. 그의 학문적 향기 때문이다. 박팽년은 안평대군에 대해 '천성이 총명하고 학문이 날로 새로워져 육경의 업적들을 연구하지 않음이 없으며 시는 더욱 깊었다'고 평했다.

성현도 용재총화에서 '학문을 좋아했다. 특히 시문이 뛰어났다. 서법은 천하제일이었고 그림과 음악도 잘하였다'고 적었다. 안평대군은 시서화에서 손가락 안에 꼽히는 대가였던 것이다. 세종의 왕자들은 대부분 문학적 재능이 뛰어났다. 문종과 세조, 안평대군은 한글 창제와 각종 책의 편찬에 핵심으로 참여했다. 광평대군과 영응대군도 학문적 세련미가 넘쳤다. 이는 세종의 천재성을 이어받은 데다 종학에서 어릴 때부터 교육을 받은 덕분이다. 종학에서는 읽기, 쓰기, 말하기를 모두 했다.

안평대군은 아버지에게 감사의 마음을 담은 시를 올렸다. 26년 4월 22일 청주 초정 온천장이었다.

> 남으로 임하니 깃발이 하늘에 펄럭이는데
> 눈 가득 꽃들이 아래위로 걸려 있네.
> 조물주도 또한 성덕을 자랑할 줄 알아서
> 서원 땅에 이날 감로수를 솟게 했네.

임금은 형인 효령대군의 정자에 '희우정'이라는 이름을 내리고 어필을 내렸다. 임금은 이곳을 찾아 형을 위로했다. 또 신하들과 왕자들에게 잔치를 열게 했다. 취기가 올라오는 가운데 신하들과 왕자들이 시를 읊었다. 안평대군은 술기운을 벗 삼아 강가에서 달빛에 취했다. 세자는 동생에게 쟁반에 귤을 담아 보냈다. 진상품인 귤은 한개 두개 씩 금세 입안에서 녹았다. 쟁반의 귤이 다 사라지자 세자는 흥취를 시로 노래했다.

> 향나무는 코에만 향긋하고
> 기름진 음식은 입에만 맞는 법
> 가장 좋은 것은 동정의 귤이라
> 코에도 향긋하고 입에도 달다네

글을 좋아한 세자는 집현전 학자들의 시회에 여러 차례 참여했다. 또 자신의 시 발표회를 갖기도 했다. 세자는 학자들에게 '석류꽃'이라는 시제를 준 적이 있다. 세자는 화답의 시를 짓고, 안평대군에게 선물했다. 안평대군은 금 글씨로 세자의 시를 첫머리에 쓰고, 다른 학자들의 시를 뒤에 실었다. 그때 읊은 세자의 시를 보자.

> 아름다운 할미새 조롱 곁에 겹겹의 꽃잎 훤한데
> 계절에 감응하여 비를 머금으니 새벽 노을 같구나.
> 무슨 까닭으로 성기고 찬 모습 버리지 않아서
> 절로 붉고 고움을 자랑하여 조정을 비웃는가.

세종은 시를 짓는 등의 작문을 현실에 활용했다. 중국과의 외교 때 시는 필수였다. 요즘 외교관들이 와인(포도주)을 대화와 소통의 수단으로 삼는 것과 같다. 세종 3년 명나라 사신 예겸과 사마순이 조선의 학자들과 시 창작으로 크게 가까워졌다. 세종은 명나라의 사신을 집현전의 유명 문사들과 어울리게 했다. 이들은 술과 함께 시를 주거니 받거니 했다.

양국의 문학적 수준, 두 나라 학자들의 재능을 겨루는 자존심 대결 양상으로 승화됐다. 서로 시를 인용하여 노래했다. 분위기가 더욱 고조되면 산문도 화답하여 운율에 맞춰 글을 지었다. 신숙주가 예겸의 부(賦)를 차운했다. 차운은 특정 글을 보고 운율을 지켜 화답하는 글이다. 시는 차운을 하지만 당시까지 산문인 부는 차운을 하지 않았다. 성현은 용재총화에서 신숙주가 차운한 것은 조선의 문학적 능력을 보여주기 위한 것으로 보았다. 글을 주고받으면서 가까워진 예겸은 신숙주 성삼문과 의형제를 맺기도 했다.

당시 안평대군의 글은 명나라 사신들에게 최고 인기작품이었다. 사신들은 안평대군의 글을 받기를 원했다. 세종은 아들에게 사신의 뜻을 들어주라고 했고, 안평대군은 밤을 밝히며 수백 장의 글을 썼다. 글은 중국에서 큰 반향을 일으켰다. 다음에 온 사신은 아예 비단을 갖고 안평대군을 찾아왔다. 중국에서 안평대군의 글을 찾는 이들의 부탁 때문이었다.

세종은 중국뿐 아니라 일본이나 유구국 사신과도 시를 통한 외교를 선택했다. 일본의 사신이 오면 변계량, 서거정, 이석형, 신장 등 당대의 문사들이 시를 짓고 노래했다. 세종에게 책읽기는 앎의 확산, 배경지식의 공부라면 쓰기는 현실정치의 실천이었다.

TIP 세종은 글쓰기를 하지 않았다

세종대왕은 글을 많이 썼을까. 산문을 즐기고 시를 다수 남겼을까. 그렇지 않다. 임금은 글을 거의 쓰지 않았다. 세종의 어필이 지금도 전해지지 않는 가장 큰 이유다. 세종의 공부는 백독백습(百讀百習)으로 알려져 있다. 백독백습은 '100번 읽고 100번 쓴다'로 풀이되고 있다. 그러나 이는 사실과 거리가 있다. 임금은 수많은 책을 섭렵했으나 쓰기는 거의 하지 않았다. 시와 산문에 대해서 눈을 감다시피 했다. 세종은 극히 현실주의 군주다. 세종에게 책 읽기는 인격수양과 함께 정치에 활용하기 위한 방편이었다. 시를 짓고 서예를 하고, 문장을 쓰는 것은 여유로운 취미 생활로 여겼다.

임금의 글쓰기에 대한 생각은 몇 곳에서 엿볼 수 있다.

첫째, 서거정이 쓴 필원잡기다. 왕을 가까운 거리에서 수십 년 모신 서거정은 임금의 생각을 자신의 수필집에 올려놨다. "책읽기는 유익하다. 그러나 임금이 글씨를 쓰거나 글짓기를 하는 것은 생각할 바가 있다."

둘째, 우부승지 윤형과의 대화다. 임금은 즉위 2년째에 우부승지로 승진한 윤형의 인사를 받았다. 이 때 그의 앎에 감탄, 어떻게 공부하는가를 물었다. 윤형은 같은 책을 30번씩 읽는다고 아뢰었다. 임금은 "나는 여러 책을 모두 1백 번씩 읽었다. 다만 초사(楚詞)와 구소수간(歐蘇手簡)만은 30번 정도 보았다"고 말했다.[7]

셋째, 자치통감훈의 편찬자와의 만찬이다. 임금은 책의 발간을 기념, 17년 6월 8일에 편찬에 참여한 47명 학자를 경회루로 불러 주연을 베풀었다. 이때 세종은 정몽주 등의 아름다운 문학을 예로 들며 말했다 "지금은 어찌하여 문학을 바르게 하는 사람이 없는가. 유생들이 시학(詩學)을 좋아하지 않는 것은 오로지 내가 시학을 숭상하지 않기 때문이다. 시문과 문장은 별볼일 없는 재주다. 후세에 '아무 시대에는 시학을 숭상하지 않았다'고 하더라도 해될 것은 없다. 그러나 예전의 성현들은 시와 글쓰기에 공히 능했다. 나도 역시 시학에 뜻이 있다. 위에서 좋아하는 이가 있으면 누가 좋아하지 않겠는가."

7 연려실기술의 '세종조고사본말'에는 임금이 구소소간을 1100번 읽은 것으로 소개된다. 세종은 책을 100번씩 반복해 읽었다. 아버지 태종은 지나친 독서를 하는 아들을 걱정해 책을 다 수거했다. 그런데 병풍 사이에 구양수와 소식의 편지 모음집인 구소소간 한 권이 남아 있었다. 세종은 이 책을 1100번 읽었다.

학문에 심취한 임금은 시에 관심이 있지만 국사전념을 위해 한가롭게 글쓰기를 할 수 없었던 것이다.

TIP 세종의 어제(御製)와 어필(御筆)

조선의 역대 왕들이 지은 시문은 열성어제(列聖御製)에 담겨있다. 열성어제는 세조 때에 처음 제작했다는 기록이 있으나 전해지지 않는다. 인조 9년에 의창군 이광이 1책의 목판본으로 간행하였고, 복창군 이정이 숙종 5년에 낭선군 이우와 권유가 자료를 추가해 간행했다. 그 뒤에도 임금이 바뀔 때마다 어제를 정리했다.

세종의 어제는 의창군 이광이 엮은 책에서 논김종서서(論金宗瑞書) 1편이 보인다. 이우와 권유가 펴낸 책에서는 시 1편, 문 20편이 등재됐다. 실록의 시를 비롯하여 사서, 전교, 훈민정음 등이 곁들여진 것이다.

임금이 지은 찬가로는 '월인천강지곡'이 있다. 달이 천개의 강을 비춘다는 월인천강으로 석가모니의 공덕을 기린 찬불가다. 훈민정음으로 표기된 최초의 한글전용 문헌이며, 본래 상,중,하 3권으로 간행되었으나 상권 1권만이 발견됐다.

세종이 약간의 시를 쓴 것도 상황에 밀린 탓으로 봐야한다. 대표적인 예가 즉위 일주일 후에 아버지 태종을 위해 마련한 연회에서의 창화다. 세종 즉위년 8월 18일 임금과 신하는 번갈아 연구(聯句)를 하며 태종을 우러러봤다. 연구는 여러 사람이 한두 구절씩 돌아가면서 시를 짓는 것이다.

하늘이 아름다운 자리를 베풀어, 만세를 기약케 하고〈유정현〉

백성은 주린 빛 없어 임금의 은혜를 고마워하네〈태종〉

은혜의 물결이 온화한 말씀 속에 호탕하니〈하연〉

나라 운수는 길이 즐거운 가운데 태평성대로다.〈이연〉

온 나라가 근심 모르는 오늘이여〈한상경〉

임금과 신하가 도(道)에 맞추어 조정을 섬기네〈태종〉

조정 신하가 산악을 불러 장수를 비나이다.〈하연〉

새 왕은 몸을 닦아 조상을 받드니〈태종〉

나라의 안위는 신이 책임을 지겠나이다.〈세종〉

TIP 세종이 내려준 전의 이씨 가훈

세종의 친필 문서는 지금까지 공식적으로는 발견되지 않았다. 강원도 관찰사를 지낸 이정간에게 내린 '가전충효 세수인경(家傳忠孝世守仁敬)'이라는 여덟 자의 어필(御筆) 모각본이 내려올 뿐이다. 나라의 변란 등으로 친필이 소실된 것으로 추정되지만 여느 왕과는 다르게 쓴 글이 극히 적었던 것을 큰 이유로 생각할 수 있다. 어제(御製)는 임금이 친히 지은 글이고, 어필(御筆)은 왕이 직접 쓴 글이다.

전의이씨 족보에는 세종이 이정간에게 내린 어필을 모사한 글씨가 내려오고 있다. 이정간(李貞幹 1360~1439)은 강원도 관찰사로 재임하던 중, 100세의 노모를 봉양하기 위해 사직했다. 당시 80세의 노령이었으나 색동옷을 입고 병아리를 희롱하며 어머니를 즐겁게 했다. 이 소식을 들은 세종이 이정간의 품계를 정2품으로 올리면서 궤장(几杖)을 하사하면서 어필을 내렸다. 이정간을 배향한 청주 송천서원의 서원행록(書院行錄)에는 '세종대왕이 '가전충효 세수인경'의 여덟자를 친필로 정간에게 내렸다.'는 구절이 있다. 이를 바탕으로 조선어학회 이극로가 1937년에 이정간 후손이 보관한 족보의 권두에 넉자 씩 두 줄로 모사된 여덟 글자를 찾아냈다.

4

스스로 할 수 있게 하라

"지금부터 세자가 모든 정무를 재결한다. 모든 신하는 세자에게 칭신(稱臣)을 하라." 〈세종 29년 9월 2일〉

경쟁사회, 정보사회에서 엄마는 '헬리콥터 맘'이 되기 쉽다. 아이가 학습법을 선택하고 노력하도록 지켜보는 게 현명한 처신이지만 극성인 부모는 아이의 학원선택, 학교 선택, 스케줄 관리, 봉사 활동 등 모든 면에 간섭한다. 부모와 아이가 아예 한 몸이나 다름없다. 부모의 삶은 오로지 아이에게 매여 있다. 그렇다 보니, 성인이 되어서도 부모에게 의존하는 유약한 인간도 심심찮다. 타인이 제공하는 스케줄대로만 움직이는 습관이 붙은 탓이다.

세종은 자녀교육에서 '네가 알아서 하라'는 입장을 보였다. 이는 아버지로서의 수준 높은 지극 정성이었다. 선택을 하게 한 뒤에는 간섭하지 않았다. 스스로 알아서 연구하고 해결하고 처리하도록 했다. 이 과정에서 책임감이 생기고, 창의적 문제 해결력이 키워지는 것으로 믿었다. 대신 아들이 전적으로 일을 할 수 있는 여건을 만들어주었다.

임금은 마흔다섯 살 무렵에 건강이 좋지 않았다. 임금은 24년에 세자에게 대리청정을 시켰다. 대리청정은 임금을 대신해서 나라를 다스리는 것이다. 신하들은 반대했다. 그러나 임금은 아들에게 신하들을 장악하고, 나라를 통치할 수 있는 힘을 실어주기 위해 강행을 했다. 세자가 일을 할 수 있도록 관원을 배치하고, 기관을 설치하는 등의 조치를 취했다. 특히 세자는 조회 때 남쪽을 향하여 앉고, 관원은 모두 뜰아래에서 신하로 자칭하도록 했다. 29년 9월 2일의 실록에는 임금의 의지가 실려 있다. "지금부터 세자가 모든 정무를 재결한다. 모든 신하는 세자에게 칭신(稱臣)을 하라."

세자가 주도적으로 국정을 운영하기 위해서는 권위가 마련되어야 한다. 이를 위해 임금이 세자에게는 남쪽을 향해 앉게 하고, 관원들에게 신하라고 호칭하게 한 것이다. 왕은 신하를 만날 때 남쪽을 향해 자리한다. 이것이 남면으로 임금의 권위를 상징한다. 조선에서 관원이 '신하'라고 자칭하는 대상은 왕밖에 없다. 세종의 이 같은 조치는 세자를 왕으로 생각하라는 의미다. 전폭적인 지원을 받은 세자에게는 책임과 의무가 동시에 주어진다.

세자는 문제 해결을 위해 스스로 고민해야 했다. 이 과정에서 국정 운영능력, 공부력이 키워졌다. 세종은 아들을 지켜보았다. 당초 약속한 군사와 인사 등의 국가 현안 외에는 모든 업무를 아들에게 맡겼다. 또한 '잘했다', '못했다'를 따지지 않았다. 미덥지 않아도 기다렸다. 그 결과 세자는 아버지와 비슷한 능력을 갖추게 되었다. 역사에서는 훗날 문종이 되는 세자가 단명하지 않았으면 큰 업적을 이뤘을 것으로 보고 있다.

교육가 세종의 모습은 '속마음 애지중지'를 '겉마음 지켜보기'로 전환한 데 있다. 사랑은 자칫 시시콜콜 간섭과 강요, 집착으로 나타날 수 있다. 하지만 세종은 '거리두기'를 통해 세 가지 학습효과를 보았다.

TIP 세종의 거리두기 교육

첫째, 세자가 스스로 결정하게 했다. 현대어로 바꾸면 자기주도학습이다. 스스로의 선택은 흥미를 유발할 뿐 아니라 효과도 매우 높다. 부모의 틀로 세상을 보면 아들의 창의성은 키워지기 힘들다. 부모의 울타리를 걷어준 것이 뛰어난 아들로 키운 힘이다.

둘째, 실천력이다. 실용주의자인 세종은 좋은 아이디어를 바로 현실생활에 적용했다. 독서를 많이 한 임금은 글쓰기는 거의 하지 않았다. 글쓰기를 할 시간에 실천한다는 논리였다. 임금은 아들에게 곧바로 실천하는 모습을 보였고, 책임지고 일을 추진하게 했다. 여기에서 세자는 성취감을 맛봤다. 한글 창제에도 세자를 비롯한 여러 아들과 공주의 적극적인 참여가 있었다.

셋째, 믿고 기다렸다. 미완성인 아이는 서툴다. 어른이 볼 때는 미덥지 못하다. 하지만 어설픈 방법도 경험이 쌓이면 완숙해진다. 세종은 아들들의 공부를 기다렸다. 조급하게 결과를 재촉하지 않았다.

5

좋은 것을 보는 것만으로도 높은 교육효과가 있다

"이석형이 진사와 생원 시험에 이어 문과에서도 장원을 했다. 세종은 인재를 얻음을 크게 기뻐하며 정6품인 사간원 좌정언 지제교에 임명했다. 또 광화문 밖에서 잔치를 베풀고 여러 왕자들로 하여금 이를 보게 하였다." 〈이석형 행장〉

"서울 아이들이 키가 큰 것은 옆 사람이 크기 때문이다." 1970년대 시골의 한 초등학교 선생님이 학생들에게 설명한 내용이다. 당시에는 서울 아이들이 시골 아이들에 비해 체격 조건이 좋았다. 교사는 보충 설명을 했다.

"서울 아이들은 시내버스를 탄다. 콩나물시루와 같은 시내버스에서는 천장에 있는 손잡이를 잡아야 균형을 유지할 수 있다. 따라서 키가 더 커야만 살기 좋은 환경이다."

진화론의 용불용설이나 적자생존과 같은 설명을 한 교사는 또 한 이야기를 했다. "서울 등의 도시 아이들이 명문학교에 가고, 부자 동네 사람이 부자가 되는 이유는 옆집에 그런 사람들이 사는 덕분이다." 명문학교에 입학하고, 부를 축적하고, 출세를 한 사람을 흔하게 보기 때문에 '나도 할 수 있다'는 내면화가 자연스럽게 이루어진 것이라고 했다.

세종도 자녀교육에서 이 같은 방법을 적용했다. 왕자들에게 학문을 장려하기 위해 '수재의 축하연'을 보게 했다. 왕이 직접 베풀어준 조선 최고의 천재 축하공연을 보면서 목표의식을 갖게 했다. 공부 잘하는 사람이 먼 중국에 있는 게 아니라 바로 옆에 있음을 보게 했다. '나도 할 수 있다'는 동기부여를 했다.

천재 소년이 있었다. 아들이 없어 속을 태우던 어머니가 삼각산에서 기도 끝에 태기가 있었다. 마침 아버지가 대궐에서 숙직을 하는 데 흰 용이 바위를 깨고 나왔다. 그래서 아들 이름을 (이)석형(石亨)이라고 했다. 어려서부터 비범함을 보인 소년은 14세에 승보시(陞輔試)에 장원하고 성균관에 입학했다.

공부에 정진한 그는 26세에 생원, 진사와 문과 초시에 장원을 하고 다음해 문과 식년시에서도 1위를 했다. 조선 개국 후 한 해에 세 번 연속 장원한 첫 주인공이 된 것이다. 세종은 인재를 얻었음을 크게 기뻐해 정6품 벼슬인 좌정언 지제교를 제수했다. 문과에 합격하면 종9품에서 관직을 시작하고 장원은 예우를 해 종6품에서 출발한다. 조선의 식년 문과시험은 3차에 걸쳐 진행된다. 임금 앞에서 보는 최종 시험인 전시에서는 급제자 33명의 순위가 가려진다. 성적에 따라 다른 품계를 받는다. 갑과 장원은 종6품, 갑과 2,3등은 정7품, 을과는 정8품, 병과는 정9품으로 관직을 시작한다. 이 제도는 세조 때 정착됐다. 제도가 정비되기 전에 이석형은 조선사 유일하게 정6품의 특별한 혜택을 받았다. 임금은 이와 함께 홍문관, 사헌부, 사간원에 명하여 광화문 밖에서 그를 위한 잔치를 베풀게 했다. 이 자리에 여러 왕자를 참여하게 했다. 직접 천재를 만나 대화하라는 의미다. 아버지의 명을 받은 세자, 수양대군, 안평대군을 비롯한 여러 왕자들이 자리를 함께했다.

축하연은 수양대군과 안평대군에게 큰 의미로 다가왔다. 그의 공부에 영향을 받은 수양대군은 훗날 임금이 된 뒤에도 깍듯하게 예우했다. 궁녀에게 그의 능력을 칭찬하는 삼장원사(三壯元詞)를 지어 부르게 하고, 중전은 친히 옷을 한 벌 선물했다. 수양대군은 이석형과 만나 술을 마실 때는 반드시 삼장원사를 노래하게 했다. 당시에는 이 노래가 크게 유행했다.

삼장원 노래가 궁궐 위에 울리니 / 三壯元詞九天上
삼장원 신이 절하며 머리 조아리네 / 三壯元臣拜稽首
신의 이름 구고에서 방방곡곡 퍼졌으니 / 臣名九皐風徹響
신의 몸 터럭 하나도 제 것이 아니로세 / 臣身一毛不自有
왕이 이르길, '오너라, 너의 문장 뛰어나서 / 王曰來汝文章骨
내 술자리 벌였으니 내 술을 가득 부어라' / 設我籩豆崇我酒
마침내 교방에서 새 곡조가 나오는데 / 居然敎坊新闋出
궁녀가 입으로 노래하며 술을 권하네 / 宮娥信口歌以侑

노랫소리 맑디맑아 푸른 하늘에 오르니 / 歌聲清切上蒼蒼
자황이 듣고서 오랫동안 감탄하였네 / 紫皇聽之咨嗟久
방장과 봉래를 한꺼번에 두루 돌고 / 方丈蓬萊一時遍
오색구름 사이에 난학 수레 머무르네 / 五色雲間鸞鶴逗
반짝반짝 햇빛이 선액을 지나가고 / 瀏瀏瑞旭度仙掖
하늘하늘한 바람이 궁정 버들 움직이네 / 細細和風動宮柳
향기로운 계수나무 세 가지가 자라서 / 天香桂樹長三枝
달빛 속의 정신으로 은택 흠뻑 받았네 / 月裏精神恩雨後
옥 호리병 맑은 술에 실컷 취하고서 / 玉壺瓊漿十分醉
저물녘 궐문 나서니 좌우에서 부축하네 / 晩下閶門扶左右
그대는 아는가, 필력이 조화에 참여하여 / 君知筆力參造化
아아, 젊은이가 팔차수가 되었음을 / 嗟爾小兒八叉手

안평대군도 이석형에게 배우기를 원했다. 세 번 장원을 한 학문을 높게 평가하고 흠모해 줄곧 선물을 보냈다. 또 만나서 배움을 얻기를 희망했다. 세종의 '공부의 달인' 소개는 아들들에게 동기부여가 충분히 된 것이다. 세자를 비롯해 수양대군과 안평대군이 모두 이석형과 학문 교류를 원했다. 천재 이석형은 왕자들의 훌륭한 공부 모델이었다. 세종을 닮은 세자, 수양대군, 안평대군, 광평대군, 평원대군 등은 책 한 권을 거의 글자 하나 틀리지 않고 외웠다. 타고난 영재성이 있었다. 그러나 잠재력이 뛰어나도 자발적인 공부를 하지 않으면 천재성을 구현할 수 없다. 자율 의지와 열정과 호기심이 있어야 재능을 키울 수 있다. 이를 위해서 세종은 천재와의 만남을 주선한 것이다. 신동 이석형이 자발적으로 꾸준히 공부해온 노력과 열정을 배우라는 큰 뜻이 있었다.

세종과 왕자들이 아끼고 우대를 한 천재 이석형의 에피소드가 문헌비고에 전해진다. 세종 23년 2월 10일 진사 100명을 선발했고, 보름 뒤인 2월 16일에는 생원 100명이 입격했다. 두 시험에서 이석형이 모두 수석을 했다. 이들은 임금께 근정전에서 사은(謝恩)을 한다. 대궐에 들어가려면 광화문을 통과한다. 광화문의 중문은 임금이 오가는 문이다. 생원시 입격자는 동쪽 협문으로, 진사시에 입격자는 서쪽 협문으로 입장한다. 수석 합격자가 맨 앞에 선다. 그런데 이석형이 양 시험의 장원이다. 생원과 진사 입격자들은 서로 자기 쪽에 서야 한다고 주장했다. 이 사정을 안 임금이 이석형을 가운데 문으로 들어오게 했다.

6

경쟁력 있는 아이로 키워라

"날마다 종학에 나아가서 배움에 힘써서 게으르지 아니하였다. 경서를 깊이 연구하고, 시전과 예기, 대학연의에 더욱 숙달하였다." 〈평원대군 졸기〉

왕의 필독서 중 하나가 대학연의(大學衍義)다. 남송(南宋)의 진덕수가 왕을 위한 성리학적 통치 교범으로 만든 책이다. 그는 왕의 학문과 통치에 도움이 될 내용을 여러 자료에서 모아 편집했다. 사례를 통해 이상적 통치가 무엇이고, 현실에 어떻게 적용할 수 있는지를 설명했다. 세종은 이 책을 경연에서 5개월 만에 독파하는 등 세 차례나 읽었다. 태조와 태종도 필수로 읽었다. 대학연의 읽기는 임금의 준비단계, 왕으로서의 바른 정치를 펼치기 위한 의무와 권리다. 제왕학 교과서인 대학연의는 왕과 왕세자에게는 필독서지만 다른 왕자들에게는 위험한 책일 수 있다. 금서는 아니지만 권장서도 아니다.

그런데 세자 외에도 평원대군 등 왕자들이 대학연의를 깊이 이해했다. 이는 세종의 권유 덕분이다. 세종은 왕자들뿐만 아니라 종친과 고위공무원들에게 책을 주며 공부할 것을 당부했다. 임금의 뜻은 좋은 정치를 하기 위한 배려였다. 하지만 정국의 변화는 야심 있는 왕자들에게는 다른 해석을 가능하게 했다.

세자는 병약했다. 사신 접대 문제로 명나라와 신경전을 할 정도로 병석에 자주 누웠다. 세종 32년에 명나라 사신 예겸이 왔다. 사신은 도성 입성 때 왕이나 왕세자가 환영식을 베풀어 주기를 희망했다. 그러나 조선은 왕과 세자가 투병으로 불가함을 알렸다. 예겸은 "왕의 병환은 알고 있지만 세자는 금시초문"이라며 핑계를 대는 것이라고 성토한다. 칭병을 의심한 그는 황해도 황주에서 세자의 병이 나을 때까지 열흘이든 한 달이든 기다릴 뜻을 밝힌다. 세자는 외교 갈등이 생겨도 나서지 못할 정도로 건강이 안 좋았던 것이다. 세종 말년의 사신 접대는 왕과 왕세자를 대신해 수양대군과 안평대군이 할 때가 많았다.

이는 능력 있는 왕자들에게는 자기본위 해석을 가능하게 했다. 특히 궁궐과 대궐 밖을 오가며 자란 수양대군은 세상을 넓게 보고 자유롭게 생각할 수 있었다. 세종은 영특한 수양대군을 12년에 성균관에 입학시켜 체계적인 왕자교육을 받게 했다. 집현전 학자들에게 교육을 담당하게 하고, 때로는 임금이 직접 교육을 했다. 집현전 학자들로부터의 교육은 호락호락하지 않았다. 날마다 읽은 것은 반드시 외워야 했고, 1년에 20차례 이상 직접 글을 읽어야 했다. 또 날마다 공부의 이해여부가 기록돼 매달 임금에게 보고되었다. 5일마다 전에 5차례 수업한 내용의 시험을 치렀다. 성적 또한 임금에게 월말에 보고되었다. 쉴 틈 없는 공부에서 수양대군은 빼어난 능력을 보였다. 아버지는 흡족한 마음에 아들에게 자치통감 책을 내려 주며 격려했다.

아버지로부터 인정받은 수양대군은 고금의 서사(書史)와 성리학에 정통했음에도 "천하의 서적을 다 읽지 않고서는 다시 활을 잡지 않겠다"고 다짐했다. 공부의 재미에 푹 빠진 것이다. 세종은 장성한 수양대군에게 주자소에서 편찬 사업과 함께 정치 감각을 키워준다. 수시로 왕릉을 살피게 하는 한편 명나라 사신 접대를 맡긴다. 15년에 귀국하는 명나라 사신을 영의정 황희와 함께 벽제역에서 전송케 했다. 임금과 동궁의 몸이 불편하다는 게 이유였다. 2년 뒤에는 예전의 사신환송을 잘했다는 이유로 역시 전별연을 맡기는 등 외교업무를 익히게 했다. 또 세종은 심혈을 기울이는 치평요람 편찬 책임자로 수양대군을 임명했다. 치평요람은 조선과 중국 정치에서 본받고 경계해야 할 사례를 정리한 책이다. 세종은 23년 6월 28일 정인지에게 지시했다.

"무릇 잘된 정치를 하려면 반드시 앞선 시대의 역사를 알아야 한다. 그 흐름은 오직 역사의 기록을 상고하여야 한다. 그대가 옛 서적을 찬찬히 읽고, 하나의 서적으로 편찬하여 후세 자손의 영원한 거울이 되게 하라. 또 중국의 역사 못지않게 우리나라의 흥폐 존망도 잘 알아야 한다. 아울러 편입시키되 번다하거나 간략한 데에 치우치게 하지 말라."

임금은 지시와 함께 책 이름을 치평요람으로 정하고 수양대군에게 편찬사업을 지휘하게 했다. 이 무렵부터 세종은 신하들에게 밀명을 내리는 등 긴밀한 정치 사안에도 관여시켰다. 임금이 요양 차 궁궐을 비울 때는 수양대군에게 도성 호위 책임을 맡겼고, 젊은 나이임에도 왕실을 관장하는 종부시 제조로 임명했다. 이는 왕실에서의 그의 위상을 말해준다. 임금은 27년 1월 18일에 세자에게 양위를 발표한다. 이때 수양대군이 임금의 뜻을 신하들에게 전달했다. 정치 핵심에 관여한 것이다.

세종은 무예에 출중하고 대범한 수양대군에게 학문 외교 군사 정치 등 실제적인 제왕수업에 버금가는 교육을 시킨 셈이다. 또 문학과 정치 감각이 뛰어난 안평대군도 비슷한 역량을 키울 수 있도록 배려했다. 이는 새로운 나라 조선의 앞날을 위해서는 왕실이 탄탄해야 한다는 계산으로 볼 수 있다. 태종과 세종 시절에 왕권이 강화되었지만 개국 초창기 왕실은 흔들릴 가능성도 충분했다. 태종과 세종은 많은 왕자의 생산을 나라를 튼튼히 하는 기반으로 보았다. 그렇기에 뛰어난 왕자인 수양대군과 안평대군에게 학문뿐만 아니라 정치 외교 농업 군사 등의 다양한 교육을 한 것이다. 수양대군의 등극은 아버지 세종의 전반적인 능력 교육 덕분으로 볼 수 있다. 세종은 큰아들인 세자를 후계자로 지명했지만 원하지 않은 경쟁구도를 만든 셈이다. 결과적으로 문종과 둘째인 수양대군, 셋째인 안평대군도 모두 왕의 자질을 갖춘 왕자로 키웠기 때문이다.

TIP 수양대군이 비유법으로 설명하다

수양대군은 아버지 뜻에 절대복종 했다. 임금이 된 수양대군은 훗날 아들에게 삶의 지침으로 삼을 훈사를 주며 말했다.

"나는 세종대왕과 소헌왕후의 마음을 따르고 명령에 어긋남 없이 행동했다. 가르치는 바와 경계하는 바를 좇아 다른 일은 모르고 밤낮으로 바빴다."

세조가 된 수양대군은 아버지와 같은 교육법을 아들에게 적용했다. 어떤 상황이 발생하면 반드시 비유의 예를 들어 설명했다. 세조는 훈사(訓辭)를 지어 세자가 항상 외워 경계하도록 했다. 그 내용은 첫째, 늘 변함없이 한결같은 덕을 가질 것이다. 둘째, 신(神)을 공경하여 섬길 것이다. 셋째, 간언을 받아들일 것이다. 넷째, 참소를 막을 것이다. 다섯째, 사람을 제대로 쓰는 일이다. 여섯째, 사치하지 말 것이다. 일곱째, 환관을 부리는 일이다. 여덟째, 형벌을 삼가는 일이다. 아홉째, 문과 무를 조화시키는 일이다. 열 번째, 부모의 뜻을 잘 좇는 것이다.

3장

실용학문을 익히게 하라

1

소심함을 극복하는 3가지 단계

"세자를 교육하기 위해서는 반드시 정대한 사람이 가까이에서 바른 일을 들려줘야 한다." 〈세종 13년 1월 30일〉

세종은 연착륙 교육을 했다. 변화가 한 번에 일어날 것으로 생각하지 않았다. 점진적인 발전을 기대했다. 임금은 세자의 호연지기 고양법으로 강무를 선택했다. 강무는 사냥을 겸한 군사훈련이다. 임금은 세자가 살이 찌고 수줍음을 많이 타는 것을 고민했다. 신체활동이 줄면 진취적인 기상도 낮아질 수 있다. 호연지기와 배포를 키우기 위한 방법으로 군사훈련과 사냥을 최적으로 여겼다.

예부터 큰 배포는 천하의 산을 다니며 키웠다. 신라의 화랑이 그랬고, 고구려의 선인이 그랬다. 신라시대의 '임신서기석'에는 두 젊은이가 하느님에게 맹세한 내용이 있다. 3년간 수련을 해 만일 나라가 편안하지 않고 세상이 어지러우면 '충도'를 행할 것을 다짐한 것이다. 이 같이 넘치는 기상은 책만으로는 되지 않음을 세종은 알고 있었다.

세자의 강무는 일반적으로 스무 살이 넘으면 했다. 그러나 임금은 열여덟 살인 아들의 강무를 강행했다. 신하들은 세자의 나이가 스무 살이 되지 않음을 들어 반대했다. 또 임금이 대궐을 비우면 세자가 궁궐을 지켜야 한다는 주장도 했다. 이에 대해 임금은 단호하게 선을 그었다. 나이가 열여덟 살이면 임금을 수행하기에 부족함이 없다고 했다. 또 궁궐에만 살아 세상물정을 몰라 연약해지는 점도 지적했다. 말을 타고 사냥을 하는 과정에서 호연지기를 키워 주는 게 옳은 방법이라고 설명했다. 세자를 강무에 참여시킨 임금은 신하들에게 특별대우 금지도 지시했다. 강인한 정신력을 키우기 위해 세자를 모시는 사람을 4~5명으로 제한토록 했다. 또 밤에 잠을 잘 침소를 다른 곳에 마련하지 말고, 군사들이 자는 야영장에 설치하도록 했다. 고생을 하면서 극한 상황을 이겨내는 힘을 키우게 한 것이다.

임금은 더 나아가 봄과 가을의 강무는 세자가 단독으로 수행하도록 했다. 세종의 강무 의도는 13년 1월 30일 실록에서 엿볼 수 있다.

"세자를 교육하기 위해서는 반드시 바른 사람이 가까이에서 바른 일을 들려줘야 한다. 강무는 그저 말을 타고 달리는 것이 아니다. 군사들에게 무예를 강습시키려는 의도다. 실로 군국(軍國)의 중사(重事)이다. 내가 큰 해(害)만 없으면 세자를 인솔해 가겠다."

다음 군사 통수권자로서의 큰 배포를 알려주는 의도를 밝혔다. 강무가 그만큼 위험하기 때문이다. 강무는 열흘에서 보름 동안 행했다. 경기도 강원도 황해도 일대에서 수천 명에서 수만 명의 군사가 함께했다. 종합 군사훈련인 탓에 혹독하고 예기치 않은 사고도 발생했다. 특히 추운 겨울에는 사상자도 발생했다. 진눈깨비가 내린 13년 2월 20일 기록이다.

짐승을 영평현 보장산으로 몰려고 몰이꾼이 이미 출발하였다. 진눈깨비로 인하여 날씨가 몹시 한랭하고 길이 진 수렁이 되었다. 사람과 말이 모두 휴식을 취하지 못하였다. 추위에 얼고 굶주림으로 현기증을 일으키고, 죽어 넘어진 자가 많았다. 해가 질 무렵에는 기절한 군사 3명 외에 무수한 사람이 사경을 헤맸다. 말도 많이 쓰러졌다. 임금이 기병 20명을 발송하여 술과 밥을 가지고 가 구조하게 하니 밤은 깊어 새벽에 이르고 있었다. 이로 인해 많은 사람이 탈진 상태에서 회복했지만 결국 26명이 사망하고 말 69필과 소 1두가 죽었다.

세종은 이 같은 위험한 훈련에 세자를 참가시킨 것이다. 그리고 봄과 가을에는 세자가 아예 단독으로 강무를 진행하도록 했다. 세종이 세자를 강하게 키우려고 한 것은 타고난 성격 탓이 크다.

세종의 왕자들은 외향적이다. 그러나 유독 세자는 내성적인 편이다. 왕자 중 세자는 소심하고 섬세했으며, 수양대군은 대범하고 세심했으며, 안평대군은 대범하고 호탕했으며, 임영대군은 배포가 크고 진취적이었고, 금성대군은 대범하고 야망이 있었다.

나이 어린 광평대군, 평원대군, 영응대군도 자신감이 넘쳤다. 조용한 큰 형 밑으로 호랑이 같은 동생들이 즐비했다.

세자는 우애가 특히 깊었다. 동복동생인 임영대군과 이복동생인 밀성군이 심한 병을 이겨내자 "내가 다시 동생들을 볼 수 있게 됐다"고 감격의 눈물을 흘린 자상한 형이다. 잔정이 많은 세자는 성격이 유순했다. 뭇 사람으로부터 좋은 평가를 받았다. 행동이 침착하고 판단이 신중했다. 하지만 착함만으로는 살 수 없는 게 세상이다. 신중하다는 것은 소심함의 다른 말이다.

세종은 성실하면서도 강한 큰아들을 원했다. 복잡한 정치 역학관계에서는 부드러움과 강함을 고루 갖춰야 생존할 수 있다. 힘의 정점에 있는 군주는 절대적으로 카리스마가 있어야 했다. 세자는 부드럽지만 강함이 부족했다. 아버지는 부족함을 교육으로 보완했다. 세종이 세자에게 교육한 호연지기 키우기는 세 단계였다.

첫째는 자연스런 스피치 유도를 위한 분위기 형성이다. 사춘기의 세자가 수줍을 많이 타자 스승들을 전임관으로 임명했다. 익숙하면 부담없이 말할 수 있음을 고려했다. 세자가 편안한 상태에서 말을 할 수 있도록 주위에 친근한 사람을 배치했다. 자유로운 의사표현이 습관이 되면 자신감으로 이어짐을 염두에 둔 조치다.

둘째는 강한 체력을 통한 담금질이다. 강한 체력에서 강한 정신력이 나옴을 생각했다. 스무 살이 넘어 참가하는 강문에 열여덟 살인 세자를 데려간 이유다.

셋째는 점진적 적응이다. 처음에 강무를 임금과 함께 동행시킨 뒤 다음에는 단독으로 업무를 수행하게 했다. 연착륙으로 자신감을 배양하게 한 것이다. 처음 맡은 업무는 자칫 부담이 될 수 있다. 그러나 한 번 경험한 것에 대해서는 자신감을 가질 수 있다. 이에 임금은 견습을 시킨 뒤 단독 임무를 부여한 것이다. 세종이 아들을 10년 가까이 대리청정을 시킨 것도 점진적 적응으로 자신감을 부여하려는 의미도 있었다.

2

음악은 취미활동으로만 배우는 것이 아니다

"수양대군이 피리를 부니 자리에 있던 모든 종친이 감탄했다. 학(鶴)이 날아와 뜰 가운데에서 춤을 추었다. 어린 금성대군이 홀연히 일어나 학과 마주서서 춤을 추었다."〈세조실록 총서〉

세종이 자녀들에게 가장 심혈을 기울인 교육은 무엇일까. 음악 교육이다. 임금은 자녀 훈육에 두 가지 방법을 택했다. 후계자인 세자는 유능한 군왕으로 키우기 위해 노력했고, 다른 왕자들은 기초 교양 교육과 세자를 도울 수 있는 실무 교육을 했다. 세자는 소학으로 시작해 사서삼경과 함께 천문, 수학, 군사 등을 두루 공부하게 했다. 수양대군 이하 왕자들은 기초 교양에 중점을 둔 가운데 적성에 맞는 학습을 지도했다. 그런데 눈에 띄는 게 음악 교육이다. 세자를 비롯한 모든 왕자들에게 악기를 다루게 했다.

세종의 음악공부는 두 가지 의도가 있었다. 하나는 고도의 통치수단인 음악을 왕자들이 알아야 한다는 생각이다. 당시 음악은 나라 수성의 절대적인 방법으로 여겨졌다. 이와 함께 왕위 계승권에서 멀어진 왕자들의 취미생활로 음악을 생각하는 마음도 있었다. 정치에 적극적으로 참여할 수 없는 왕자들이 마음을 붙이게 한 여가의 한 방편이다. 하지만 세종의 생각은 통치수단으로서의 음악에 무게중심이 있었던 것으로 보인다. 임금 스스로 음악을 취미생활이 아닌 정치의 긴요한 수단으로 활용했기 때문이다.

예악(禮樂)은 봉건전통시대 대표적인 정치적 행위다. 예기(禮記)의 악기(樂記)에는 "악은 천지의 조화이며, 예는 천지의 질서(樂者, 天地之和也, 禮者, 天地之序也)"라고 했다. 음악으로 세상의 조화를 꾀하고 예로써 세상의 질서를 찾는다는 의미다. 세종 때의 신료인 정인지는 "음악은 성인의 성정(性情)을 기르며 신과 사람을 화(和)하게 한다. 하늘과 땅을 자연스럽게 하며, 음양을 조화시키는 방법이어야 한다"고 말해 음악으로 소통할 수 있는 이론적 틀을 제공했다.

백성의 마음을 하나로 묶는 데는 예나 지금이나 음악과 춤의 종합예술이 효과적이다. 특히 유교에서는 예악의 제도화가 당연했고, 실제로 조선에서는 춤과 음악을 관장하는 여러 기관이 설립되었다. 당시의 지배 이데올로기를 승화시키는 방법으로 성리학적 창조 행위가 계속되었으며 조선의 건국 주체들은 예와 악을 통제 방법으로 선택했다. 정치성

을 띤 예술인 몽금척, 수보록 등의 정재(呈才)가 창제된 이유다.[9]

세종은 새로운 나라 조선을 수성해야 했다. 태조와 태종이 창업한 나라를 종합예술의 창작으로 더욱 완성시킬 필요가 있었다. 우리의 음악과 중국의 음악과의 관계정립도 필요했다. 임금은 직접 막대기로 장단을 짚어 악곡 창제에 참여했다. 이 시기에 조선에서는 '발상', '정대업', '보태평', '여민락', '취화평', '취풍형' 등 대작들이 완성됐다. 이 작품들의 작곡에 세종이 직접 참여했다. 특히 종묘에서 연주되는 보태평과 정대업은 효심의 발로였다. 당시 종묘에는 중국의 음악이 울려 퍼졌다. 임금은 조상들이 생존 시에는 우리 음악을 들었는데 제사를 받을 때에는 중국 음악이 흐르는 것은 잘못임을 지적했다. 이에 직접 종묘제례악의 모태가 된 보태평 11곡과 정대업 15곡을 작곡했다.

9 정재는 대궐 안의 잔치를 흥겹게 하는 춤과 노래 등의 종합예술이다. 정재는 다양한 의례에서 공연되었다. 세종실록 31년 10월 3일 기사에 의하면 정재 제도화에 관심이 많은 세종은 정대업 보태평 봉래의 오양선 포구락 연화대 처용 동동 무애 무고 향발 등을 항상 연습하도록 하였다.

그러나 이 곡들은 세종 때에는 신료들의 반대로 종묘에는 연주되지 못했다. 이를 수양대군이 세조로 등극한 10년(1464년)에 가사와 음악을 재정리해 제향 때 사용했다. 이것이 지금 종묘제례악의 원형이다. 아버지의 강한 뜻을 아들이 실천한 것이다. 임금의 음악에 대한 열정을 세종실록에서 살필 수 있다.

"종묘, 조회, 공연에 쓰이는 음악은 고려의 여러 가지 음악을 주워 모은 까닭으로 대단히 미비하다. 이제 새로 여러 음악을 정하고 옛 음악 중에서 쓸 만한

것을 가감하여 정한다."〈31년 10월 3일〉

"신악(新樂)을 의정부와 관습도감에서 함께 보고 가부를 말하면 내가 손익을 하리라. 임금은 음률에 밝으시어 신악(新樂)의 절주(節奏)는 모두 임금이 몸소 지은 바로 막대로 박자를 짚어 장단을 삼고 짧은 기간에 이를 정하였다."〈31년 12월 11일〉

음악에 신경을 쓴 임금이 왕자들을 교육시키는 것은 당연했다. 임금은 모든 자녀에게 음악을 공부시켰다. 특히 수양대군 안평대군 임영대군이 음악에 관심을 보였다. 화려함의 예술 성향이 짙은 안평대군과 본래 음률에 밝은 임영대군은 모두 즐겨 배웠다. 수양대군은 당초 말 타고 활 쏘는 것을 즐겼으며 무인들과의 대결에서도 월등한 실력을 자랑했다. 어느 날 수양대군은 아버지 세종이 거문고를 탄다는 말을 듣고 바로 배우기 시작하였다.

임금이 하루는 세 아들에게 향금(鄕琴)을 타라고 명했다. 먼저 안평대군과 임영대군에게 연주하게 했다. 세종은 수양대군에게 배운 사람과 배우지 않은 사람의 차이를 알려주려는 의도였다. 그런데 뜻하지 않은 상황이 발생했다. 음악공부를 하지 않은 수양대군이 천부적 감각으로 연주를 해 안평대군이나 임영대군 보다 더 감흥을 주었다. 임금은 가야금을 타는 수양에게 "너의 기상이면 무슨 일인들 이루지 못하겠는가. 만약 비파를 탄다면, 능히 쇠약한 기운도 다시 일게 할 것"이라고 칭찬했다.

특히 세종은 음악을 잘하는 아들을 이례적으로 극찬했다. 세종은 세자에게 말했다. "우리나라에서 수양대군처럼 음악을 아는 이는 지난날에도, 앞으로도 없을 것이다." 논리적인 세종이 감정을 넣어 말한 것은 그만큼 수양대군의 음악 실력을 흡족하게 생각했기 때문이다. 임금의 음악 교육 장려는 어린 금성대군이 학춤을 추는 데서도 생각할 수 있다. 세조총서를 보자.

수양대군이 피리를 부니 자리에 있던 모든 종친이 감탄했다. 학이 날아와 뜰 가운데에서 춤을 추니 금성대군이 어린데도 불구하고 홀연히 일어나 학과 마주서서 춤을 추었다.

음악을 두고 수양대군과 안평대군은 미묘한 신경전도 펼친다. 달 밝은 밤에 수양대군이 악사에게 피리로 계면조를 불게 했다. 슬프고 애타는 듯한 느낌을 주는 계면조에 주위 사람이 모두 슬퍼했다. 안평대군이 수양대군에게 말했다.

"대개 악(樂)이란 애련하면서도 마음을 상하게 하지 않는 것을 귀히 여깁니다. 그런데 형(兄)은 어찌 계면조를 씁니까?"

이에 대해 수양대군은 "옛날 진나라의 후주가 요염한 곡 때문에 망하였지만, 당나라 태종도 또한 이 곡을 들었다. 또 그대는 능히 두견새의 소리를 그치게 할 수 있겠는가?"라며 인간의 마음을 표현하는 자연스런 음악이라고 대응했다.

음악에 대해 깊이 알게 된 수양대군은 그 효과를 다음처럼 정의했다. "고요하면서도 능히 당겨서 끌고, 약하면서도 능히 강한 것을 이긴다. 낮아도 범하지 못하며, 태극(太極)을 보유하고 지도(至道)를 함축하며 조화(造化)를 운용(運用)하는 것이 곧 악(樂)의 효과이다."

수양대군은 보위에 오른 뒤에는 음악입국을 추진했다. 왕실은 물론이고 대신들에게도 음악공부를 권장했다. 세종의 장려 하에 왕자들은 음악에 전문적 식견을 갖게 됐음을 알 수 있다. 또 가족모임, 종친모임을 예와 악과 함께 했음도 확인할 수 있다. 세종의 가족은 음악가 집안이라고 해도 무방할 듯하다.

TIP 우리 음악을 사랑한 세종

"우리나라 사람들은 살아서는 향악을 듣고, 죽은 뒤에는 아악을 연주한다는 것이 과연 어떨까."〈세종 12년 9월 11일〉

한국이 세계에 자랑할 문화유산이 종묘다. 이곳은 조선의 왕과 왕후의 영혼을 모신 신령스러운 장소다. 종묘에서는 600년 이상 엄격한 격식에 따라 제례가 거행되고 있다. 세계적으로 유일하게 신전의 기능을 하는 곳이다. 그래서 세계문화유산이 되었다. 종묘대제 의식을 행할 때 정대업과 보태평이 연주된다. 용비어천가에 나오는 해동육룡인 목조, 익조, 도조, 환조, 태조, 태종의 업적을 칭송하는 곡이다. 정대업은 군사적 업적을 찬미하고, 보태평은 문화적 업적을 칭송한다. 세종은 조상들을 칭송하는 용비어천가에 붙여 두 개의 모음곡을 작곡했다. 이것이 정대업과 보태평이다. 두 곡은 세종의 아들인 세조가 편곡하여 왕실 조상들의 제례에 포함시켰다. 그래서 600년 동안 종묘에서는 보태평과 정대업이 연주되고 있다. '조상들의 영혼이 중국의 것이 아닌 우리의 음악을 즐겨야 한다'는 세종의 뜻을 아들인 세조가 실천한 것이다.

왕조시대에는 사회 안정과 통치 수단으로서의 예악(禮樂)이 아주 중요했다. 예절은 통치의 사상과 행동이고 음악은 집단행동의 군중심리 측면이 있었다. 한 곳에 마음을 모아 충성을 다하게 하는 효과를 기대할 수 있다. 신생국 조선은 새로운 문물을 정비해갔다. 세종이 즉위했을 때 개국 한 세대(30년)가 된 조선은 내실을 다질 필요가 있었다. 태조와 태종이 닦은 왕업을 세종은 수성해야 하는 상황이었다.

새 역사를 창조하는 민심을 모으는 방편이 예와 악이다. 예기(禮記)에서는 악을 천지의 조로, 예를 천지의 질서로 표현했다. 음악을 통해 세상의 조화와 소통을 이루고, 예의를 통해 세상의 질서를 실천한다는 뜻이다. 일부 유학자는 음률의 알고 모름에 따라 군자와 소인으로 구분하고, 심지어 인간과 동물로 나누기도 했다. 음악이 백성을 교화하고 통치하는 수단이었기에 지배층은 당연히 이해를 하고 있어야 했다. 음악은 자기만족이나 유희가 아닌 집단의식 행위이기 때문이다. 그래서 나라를 정립해야 할 시기에 음악과 정재 등이 많이 나타난다. 조선 초기의 세종과 후기의 효명세자가 그 주역이다.

세종은 14년부터 태조와 태종을 기릴 때 연주하는 곡을 지정했다. "고대로부터 제왕이 선위를 받아 천하를 얻으면 문무(文舞)를 먼저 연주하고, 정벌로 천하를 얻으면 무무(武舞)를 먼저 연주하였다. 따라서 태조에게는 무무를 연주하고, 태종에게는 문무를 연주하는 것이 옳겠다. 태조께서는 하늘에 순응하여 나라를 여시고, 태종께서는 그 뜻을 이어 예악과 문물이 찬란하게 크게 이루었다."

세종 때는 이처럼 새로운 유학국가의 지배 이데올로기를 예술로 승화시키는 창의적 작업이 이어졌다. 세종은 아악에 사용하는 편종, 칠현금, 봉소 등 수많은 악기를 제작했다. 이를 위해 악기도감을 설치했다. 궁중연회에 사용되는 아악이 중국의 주석서에 기초하여 체계적으로 정비되었다.

그 실무는 박연이 맡았다. 세종은 즉위한 후 박연을 악학별좌로 임명하여 불완전 악기 조율의 정리와 악보편찬을 명했다. 아악의 대가인 박연은 조정의 조회 때 사용하던 향악을 폐하고 아악으로 대체하게 했다. 궁중음악이 일대 개혁이 된 것이다. 그런데 아악은 중국의 음악이었다. 조선 임금 중 유일하게 과거에 급제한 태종이 궁중의식에서 아악의 도입 필요성을 생각했다.[10] 중국 음악도 유학처럼 받아들이는 게 순리로 본 것이다.

10 조선을 통치한 27명의 군주 중 태종은 유일하게 과거시험에 응시해 합격했다. 태종은 고려 우왕 9년인 1683년에 과거에서 5등으로 합격했다. 당시 나이는 16세였고, 장원은 훗날 양녕대군의 장인이 되는 김한로다.

세종도 초창기 10여 년간 아악의 보급에 힘을 다했다. 하지만 아악이 정비된 뒤에는 눈을 우리의 음악인 향악으로 돌렸다. 중국에서 발생한 유교를 바탕으로 한 각종 의식에 아악이 연주되는 게 합치한다고 보았다. 하지만 그를 즐기는 사람은 중국인이 아닌 우리나라 사람임을 인식했다. 그 결과 우리 고유의 것을 찾게 된 것이다. 또 나라를 연 태조가 향악을 즐겼음도 고려됐을 수 있다. 이 같은 생각은 12년 9월 11일 어전회의에서 아악 연주의 타당성 논의 발언으로 이어진다.

"아악은 우리나라의 성음이 아니고 중국의 음악이다. 중국 사람들은 익숙하기에 그들의 제사에 연주하는 게 마땅하다. 그런데 우리나라 사람은 살아서는 향악을 듣고, 죽어서는 아악을 듣는 게 이치에 맞을까."

임금은 조선에서는 향악을 연주하는 게 맞다는 주장과 함께 아악을 사용해서는 안 되는 이유를 보충 설명했다. 하나는 중국 아악의 비통일성이다. 중국에서도 왕조와 지역마다 다른 소리를 적용했다는 것이다. 또 하나는 중국내에서의 속악 연주다. 아악의 통일성을 갖추지 못했기에 왕조와 지역에 따라 특정지역의 전통음악을 연주했다는 것이다.

세종은 1년 뒤에는 전국에 흩어진 민요를 수집하도록 지시했다. 세종은 외국 문화의 토착화와 함께 향악의 계승과 발전도 염두에 둔 것이다.

요즘은 한류 바람이 거세다. 이에 발맞춰 국악의 세계화 가능성도 점쳐진다. 국악의 세계화는 한류와 함께 국가브랜드 창조와 문화 성장의 원동력이 될 수 있다. 천 년 이상 계속된 국악의 역사성과 예술성에서 세계인도 공감할 포인트를 찾아야 한다. 음악은 이미 세계화되어 있다. 코카콜라는 자본주의와 함께 지구를 한 바퀴 돌았다. 영국, 미국, 아르헨티나의 음악이 다르지 않다. 각국의 음악은 계속 지구를 돌면서 하나가 되고 있다. 로컬문화가 글로벌 문화이고, 글로벌 문화 속에 로컬문화가 존재한다. 따라서 우리의 국악은 로컬문화로서 글로벌 문화의 한 축이 될 요소가 충분하다. 동북아시아의 독특한 정과 리듬으로 천년 이상 사랑받아왔기 때문이다.

TIP 가족 음악회

세종은 왕자들의 음악 활동 후견인이 되었다. 그 결과 안평대군 임영대군 영응대군은 스스로 음악을 즐겼고, 천재형인 광평대군은 음악에 깊은 경지를 보였다. 수양대군은 아버지가 거문고를 타는 것을 보고 바로 배우기 시작하였다. 글 솜씨가 신묘한 평원대군도 음악을 접했다.

세종의 장려로 왕자들이 음악에 전문적 식견을 갖게 됐다. 또 가족 모임, 종친모임을 예와 악과 함께했다. 음악 가족인 세종 집안. 500여 년 전 어느 날, 세종가족 음악회를 상상해본다. 작곡 세종, 기획 세자, 피리 수양, 거문고 안평, 비파 광평, 안무 금성, 시나리오 평원대군이 아니었을까.

3

익숙함으로 불안을 해소하라

"세자는 최만리와 박중림이 강의할 때는 어려운 것을 질문한다. 그러나 다른 사람이 설명하면 머뭇거리며 말하지 않는다. 낯이 설어 부끄러워하기 때문이다."〈세종 13년 10월 29일〉

세자가 열여섯 살 때다. 아들을 유심히 관찰해온 임금은 한 특징을 찾았다. 아들이 공부방에서 특정 스승과는 말을 잘 나눴다. 그러나 일부 선생들은 부담스러워했다. 세자는 구체적으로 최만리와 박중림이 강의할 때는 질문을 자주 했다. 이에 비해 다른 선생들에게는 입을 잘 떼지 않았다. 스승들은 모두 조선의 석학이다. 그런데 차이가 났다. 임금은 원인을 학자들의 교수법이 아닌 세자의 수줍음으로 파악했다. 최만리와 박중림은 세자를 오랜 기간 모셨다. 그러나 다른 학자들은 세자에게 낯선 얼굴들이었다. 자주 보는 학자에게는 활발하게 질문하지만 가끔 보거나, 처음 본 선생에게는 부끄러워 머뭇거리며 말을 하지 못한 것이다. 세자는 중국 사신과 만날 때 얼굴이 붉어지는 경우도 있었다.

세종은 아들의 활달한 스피치를 위해 스승들의 근무형태를 바꿨다. 세자를 학습시키는 서연관은 두 종류다. 하나는 다른 전임직이고, 또 하나는 다른 업무도 같이하는 겸직이다. 세종은 선생들을 전임직으로 바꿨다, 자주 보는 얼굴 앞에서는 부담이 덜해 말문이 터진다. 소극적인 세자의 말문을 열어주려는 배려였다.13년 10월 29일 기사다.

"서연관은 모두 겸관(兼官)으로 임명하게 되니 불편하다. 최만리와 박중림이 설명할 때에는 세자가 상당히 어려운 것을 질문했다. 이는 두 사람을 안지가 오래되어 서로 친한 까닭이다. 그 나머지 관원은 교대하여 들어와서 강의한다. 이 사람들은 낯설어 세자가 부끄러워 말하지 않는다. 이로써 본다면 서연관은 겸관을 없애고 전임관으로 하는 게 좋다. 오랫동안 임명하여 그 임무만을 전담하게 함이 옳을 것이다."

말에 관해서는 사람은 두 가지 부담이 있다. 첫째는 논리적으로, 재미있게, 자연스럽게 하고 싶은데 그렇지 못하다는 점이다. 둘째는 말을 할 때 부담으로 제대로 논리 전개를 하지 못한다는 점이다. 얼굴이 붉어지는 게 여기에 해당된다. 첫 번째는 큰 부담은 아니다. 꾸준히 독서하고 살다 보면 저절로 해결되기 때문이다. 그러나 두 번째는 부담이 된다. 말을 해야 할 자리에서 얼굴이 붉어지고 입이 마르고 다리가 후들거려 제대로 의사표현을 못하기 때문이다.

스피치를 잘하는 법은 익숙함이다. 낯선 것에는 불안한 게 인지상정이다. 청소년기에는 스피치 불안이 올 수 있다. 남을 의식하고, 더 잘하려는 심리가 강한 탓이다. 대개 발표 부담은 내성적인 사람에게 온다. 이들은 머리로만 생각하고 실천을 두려워한다. 그저 숨기고 피하려고 한다. 이런 기간이 오래되면 발표불안이 된다. 1983년 미국에서는 의미 있는 책이 한 권 발간됐다. 사람들이 느끼는 14가지 공포를 다룬 '북 오브 리스트(BOOK OF LISTS)'다. 왈레스(Wallace) 등 3인이 쓴 이 책에 의하면 많은 사람이 공포 1위라고 생각한 죽음은 6위였다. 2위는 불에 타는 것, 3위는 물에 빠지는 두려움이었다. 이밖에 높은 데 올라가는 긴장감, 벌레에 소름끼치는 것도 상위에 랭크돼 있다. 그렇다면 1위는 무엇일까. 이것은 바로 사람 앞에서의 말하기(Public Speech), 즉 무대공포였다.

연구 결과마다 다르지만 사람은 대개 40% 전후가 발표 때 불안을 느낀다고 한다. 이의 원인은 발표를 할 기회가 적었던 게 가장 크다. 익숙하지 않았기 때문이다. 소극적인 성격인 사람은 발표기회가 있어도 뒤로 물러선다. 그러다 보니 발표가 낯설고 자신감이 사라진다. 스피치, 발표불안은 경험이고 습관이다. 영어를 배우려면 영어 선생을 만나 연습해야 하듯이 발표를 잘하려면 계속 말을 해보는 게 유일한 답이다.

명강사나 달변가들은 그와 비슷한 과정을 거쳤다. 노력하지 않는 성취는 있을 수 없다. 물론 선천적으로 스피치의 달인으로 태어난 사람도 있다. 하지만 대부분은 그렇지 않다. 그렇기 때문에 노력하면 스피치 능력도 개발할 수 있다.

스피치 학원이나 심리상담소에서의 긴장완화 훈련의 원리는 비슷하다. 뇌에 보내지는 두려운 자극의 양을 줄이는 것이다. 그러면 심장과 호흡의 이상증폭이 없어 산소 필요량이 줄어들며 근육의 긴장도 감소한다, 긴장에서 벗어나면 몸과 마음이 편안해져 스피치도 자연스럽게 할 수 있다.

발표를 두려워하는 아이를 위한 해결책은 세종대왕이 이미 보여줬다. 발표에 익숙한 환경을 만들어 주는 것이다. 그것은 발표 동아리, 스피치 학원 등이다. 자주 발표를 하면 사라지는 게 스피치 때의 얼굴 붉어짐이다. 세종은 이미 600년도 전에 이 방법으로 세자를 교육시켰다.

4

금서와 책 읽기

"짐이 이미 태조실록을 보았다. 태종실록도 보는 것이 마땅하다. 여러 겸춘추(兼春秋)에게 상의하라." 〈세종 20년 3월 2일〉

독서왕인 세종은 책읽기에 푹 빠졌다. 호기심 천사인 임금은 궁금증을 참을 수 없었다. 책 속에서 길을 찾았고, 새로운 앎에 희열감을 느꼈다. 덕분에 유학 경서는 물론이고 수많은 실용서를 통독했다. 그런데 세종이 보지 못한 책이 있다. 임금에게 가장 가까운 아버지에 대한 기록인 태종실록이다.

임금은 12년 4월 27일 좌의정 황희, 우의정 맹사성에게 태종실록을 감수하게 하였다. 실록 수찬 책임자인 변계량이 죽은 탓이었다. 문장이 뛰어났으나 잦은 병치레를 했던 변계량은 사고(史庫)를 집 근처인 흥덕사로 옮겨 업무 수행에 전력을 다했다. 황희 등은 사국(史局)을 의정부로 이동해 1년 만에 실록을 완성했다.

춘추관에서는 13년 3월 17일, 36권의 태종실록을 임금에게 올렸다. 그러나 임금은 내용을 볼 수 없었다. 임금은 전 왕의 실록을 보지 않는 다는 불문율 탓이다. 눈앞에 있지만 펼칠 수 없는 금단의 서적이 세종은 갈수록 궁금했다. 아버지의 행적을 사관이 제대로 기록했는지도 알 수 없는 일이다.

참고 참던 임금은 3일 만에 신하들을 불렀다. 명분을 옛 왕들은 선왕의 실록을 친히 보는 게 일반적이었다는 이야기를 흘렸다.

"옛날의 임금들은 앞선 왕의 실록을 친히 보지 않은 경우가 없는 것 같다. 태조실록이 출간됐을 때도 하륜 등은 태종이 보는 게 옳다고 했고, 변계량은 반대 의견을 냈다. 태종은 변계량의 생각을 따르셨다. 이제 태종실록이 편찬됐으니, 내가 한 번 보려고 하는데 어떤가."

그러나 예상대로 우의정 맹사성, 제학 윤회, 동지총제 신장이 "아니 되옵니다"라고 했다. '선정(善政)을 충실히 기록해 고칠 내용이 없다는 주장이었다. 또 세종이 실록을 보면 후대의 임금도 다시 보고 고치는 악순환의 가능성을 들었다. 이렇게 되면 사관(史官)의 기록에 영향을 줘 후세에 진실이 전해지지 않는다는 것이다. 임금은 딱히 할 말이 없었다. "그렇구나"라며 물러섰다. 그렇다고 궁금증이 사라진 것은 아니다. 보지 못한 책은 가슴 속의 불이 되었다. 임금은 7년 뒤 다시 실록보기를 시도했다. 이번에는 세 가지 논리를 개발했다.

먼저, 중국의 옛 군주는 전 임금의 실록을 보았다는 것이다. 다음, 정치를 잘 하기 위해 선왕의 실록을 볼 필요성이 있다는 것이다. 마지막은 이미 태조실록을 보았는데 태종실록을 읽지 못할 이유가 없다는 것이다. 세종은 즉위 후 태조실록을 본 적이 있다. '자손으로서 선조의 업적을 알지 못하면 무엇으로 거울을 삼겠는가'라고 실록을 갖고 오라고 했었다. 이에 유정현 등이 '조종의 법을 따르고 사업을 잘 이어받는 것은 아름다운 뜻'이라고 화답했었다.

세종은 20년 3월 2일 도승지 신인손에게 이상의 상황을 설명한 뒤 대신들과 상의하라고 했다. 하지만 황희와 신개 등의 신료들은 이구동성으로 반대했다. 핵심은 세종이 단 한 번 보는 것은 문제가 되지 않지만 전례가 되면 후세의 임금이 보게 된다는 것이었다. 이는 필연코 사관이 몸을 사리게 됨을 지적했다. 임금이 보는 실록을 신하가 자유롭게 기술할 수 없음을 주장했다.

신하들의 만장일치 반대에 뜻을 이루지 못한 세종은 문헌 연구를 시작했다. 이틀 뒤인 20년 3월 4일 태종이 태조실록을 열람했는가를 조사하게 했다. 춘추관원들이 상세히 자료를 찾았으나 열람한 적이 없는 것으로 확인됐다.

호기심이 강하고 연구형인 임금은 실록을 보는 것을 단념했다. 이 과정은 세자에게 그대로 투영됐다. 아버지의 실록읽기 논쟁을 지켜본 세자는 이후 실록을 볼 생각을 접었다. 이는 조선의 전통이 되어 세계사에 유례가 없는 6400만자의 왕조 역사가 탄생되었다.

TIP 실록의 객관성과 정확성

"선대왕들의 실록이 완성된 뒤에는 반드시 세검정에서 세초(洗草)하였다. 장마가 지면 해마다 도성의 사람들이 이곳에 와서 물구경을 하였다." 〈동국여지비고〉

'세초'는 사초를 씻는 것이다. 사초는 왕조실록을 적기 위한 기초 자료인 초고다. 세초를 세검정 개천에서 한 것은 조지서(造紙署)가 이곳에 있었기 때문이다. 흐르는 물에 사초를 씻은 뒤 종이는 재활용했다. 세초는 사관을 보호하고, 실록의 내용을 아무도 모르게 하기 위한 안전장치였다. 이는 사관의 독립성과 자율성으로 이어졌다. 사관들은 왕의 일거수일투족을 기록했다. 심지어 '임금이 사관이 알지 못하게 하라'는 말까지 적었다. 태종실록 1404년 2월 8일 기록이다.

"태종이 사냥을 나가 사슴을 잡으려다 실수로 말에서 떨어졌다. 태종은 급히 일어나 (사관이 있는지 없는지) 주위를 둘러보며 이 일을 사관이 알지 못하게 하라고 말했다."

5
모든 학문의 기초인 수학을 배우게 하라

"정의공주는 세종의 딸이다. 연창위 안맹담과 혼인하였다. 공주는 성품이 총명하고 지혜로웠다. 역산(曆算)을 해득하여서, 세종이 사랑하였다." 〈성종 8년 2월 11일〉

정의공주는 세자의 동생이고, 수양대군의 누나다. 공주와 관련된 특별한 두 내용이 전해진다. 하나는 수학을 잘해 아버지의 사랑을 받았다는 점이고, 또 하나는 훈민정음 창제에 관여했다는 점이다. 죽산안씨대동보에는 훈민정음 창제 기여 설명이 있다.

세종은 우리말과 한자가 서로 통하지 못함을 딱하게 여겨 훈민정음을 만들었다. 창제 막바지에 변화하는 소리인 변음(變音)과 입안에서 나왔다 들어가는 소리인 토착(吐着)을 글자로 만들지 못했다. 왕은 여러 대군에게 숙제를 줬으나 아무도 풀지 못했다. 그런데 공주가 풀었다. 세종이 크게 칭찬하고, 노비 수백명을 내려 주었다.

한글창제에는 음운학 등 다양한 생활과학 기초지식이 필요하다. 수학에 관한 지식 또한 응용된다. 이 때문에 왕은 수학에 밝은 딸을 더욱 귀여워했을 수 있다. 또는 임금의 관심사인 수학을 이해하는 딸이 더욱 사랑스러웠을 수도 있다. 세종에게 수학을 지도한 정인지는 "임금이 특별히 천문과 역산에 뜻을 두었다"고 설명했다. 세종은 모든 자녀에게 수학을 가르쳤다. 자녀 중에 세자와 수양대군, 광평대군은 수학 영재였다. 조선시대에 수학은 산학이라고 했다. 세 왕자는 모두 산학에 아주 뛰어났다. 실록에 기록될 정도로 우수했다.

먼저, 문종이 되는 세자다. 문종 승하 후의 글에는 '천문(天文) · 역산(曆算) · 성운(聲韻)에 이르기까지 모두 그 정묘(精妙)를 다 연구했다'고 적혀 있다. 유학을 깊게 공부하면서도 역학과 산학의 정밀함을 탐구한 것이다.

다음은 수양대군에 대한 평가다. '어릴 때 민간에서 자랐으므로 모든 어려움은 물론 사실과 거짓을 자세히 일찍부터 겪어 알고 있었다. 그릇이 커 다섯 살에 효경을 외우기도 하였다. 문학과 활쏘기와 말타기가 고금에 뛰어났다. 역학, 산학, 음률, 의술, 점, 기예의 일에 이르기까지 모두 그 묘를 다하였다.' 〈세조 총서〉

수양대군이 여러 분야에 뛰어난 능력을 보였다는 설명이다. 위에 열거된 분야는 모든 왕자와 사대부들이 공부한다. 유독 눈에 띄는 게 산학이다. 수학적 사고력이 무척 뛰어났음을 알 수 있다. 수양대군은 훗날 세조로 등극해서 산학을 잘하는 관리를 우대하는 등 아버지의 수학 장려 정책을 계승한다. 산학의 교육과 생도의 지침도 자세하게 남겼다. 대명력, 회회력, 수시력, 첩용구장 등의 많은 책도 확보했다. 그러나 서운관, 습산국, 산학중감 등에서 책 내용을 잘 알지 못하자 먼저 산학을 익힌 뒤 역법을 공부하게 한다. 또 18명을 산사에 보내 공부시키고, 열흘마다 시험을 보게 한다. 수학적 기초지식을 쌓은 뒤 역학 등 응용학문을 처리하게 한 것이다.

광평대군의 수학적 능력은 그의 졸기에서 엿볼 수 있다. '어릴 때부터 학문에 힘써 효경, 소학과 사서삼경을 다 통했다. 이태백, 두자미, 구양수, 소동파의 문집들을 두루 열람하였다. 특히 국어 좌전에 공부가 깊었으며, 음률과 산수에 이르기까지도 그 오묘한 이치를 다 알았다. 글을 잘 짓고 글씨의 필법도 절묘하였으며, 강한 활을 당겨서 멀리 쏘고, 또 격구에도 능하였다. 임금이 간의대와 종부의 일을 총 관리하게 하였더니, 종합하고 정리함에 체제를 세웠다.' 광평대군이 문무에다 예능 재능도 겸비한 인재임을 알 수 있다. 역시 눈에 띄는 것은 산수, 즉 수학의 오묘한 이치에 통했다는 점이다. 이런 그를 임금은 간의대 책임자로 임명한다. 그는 임무를 완벽하게 수행하고, 체제까지 세운다. 간의대는 하늘을 보는 관측대로 요즘의 기상청이라고 할 수 있다. 경회루 북쪽에 설치했는데 매일 밤 서운관원 5명이 근무했다. 천문관측에는 수학 지식이 필수라는 것을 알았던 것이다.

왕자들과 공주의 수학적 능력은 아버지의 권유와 본인들의 의지 결과다. 세종은 제왕학의 일부인 천문학과 측량학 등을 위해 수학의 필요성을 절감하고 있었다. 천문학 연구, 농업기계 개량, 농지측량은 기하학의 도움 없이는 불가능하다. 제례와 백성 교화를 위한 음악에서도 음계가 현이나 관의 길이와 비례하는 수학적 원리가 숨어 있다. 심지어 한글 창제 때도 분석과 종합 등 수학적 기초지식이 적용되었다. 세종 시기의 산업과 학문의 발달은 수학 지식이 힘이 되었다.

임금은 수학 진흥을 위해 고위 문관인 집현전 교리 등에서 산학을 학습하게 했다. 또 상류층 자제에게 산학을 배우게 하고, 양반 사대부의 자제에게 서운관 채용시험에 응시토록 한다. 세종은 아예 직접 수학을 배웠으며, 이 과정에서 왕자들도 자연스럽게 수학을 접했다. 세종의 수학 스승은 정인지다. 그는 당대 천문과 역법의 대가다. 12년 10월 23일의 세종실록기록이다.

임금이 계몽산을 공부중이다. 부제학 정인지가 왕의 질문을 기다리고 있다. 임금이 말씀하셨다. "산수(算數)를 배우는 것이 임금에게는 필요가 없을 듯하다. 그러나 성인이 제정한 것이므로 나는 이것을 알고자 한다."

임금은 수학을 성인, 즉 위대한 학자들의 학문으로 정의했다. 천문학과 깊은 관계가 있는 수학은 하늘을 보는 제왕학의 기초다. 왕자들은 잠재적으로 군주 후보다. 세자가 아니기에 심화 학습은 필요 없지만 기본소양 정도는 요긴하게 쓸 수 있다. 특히 패기만만한 수양대군과 총명한 광평대군은 교양을 넘어 전문가를 욕심낼 만한 성격이다. 실제로 수양대군은 천문과 역학에 해박했다. 이는 산학 공부가 되지 않으면 어렵다. 산학은 계산으로써의 수학과 우주질서, 별자리의 움직임과 해석에 연관된 수학철학이 결합된 것이다. 광평대군이 스무 살에 요절 하지 않았으면 세조를 도와 수학의 체계를 더욱 발전시킬 가능성도 있었을 것이다.

수양대군과 광평대군이 본 책은 아버지와 같다. 세종은 계몽산학을 바탕으로 다양한 책을 보았다. 송나라의 주세걸이 지은 계몽산학은 당시 수학의 모든 것을 망라했다. 쉬운 문제부터 고급 수학까지 고루 다루고 있다. 곱셈과 나눗셈은 물론 무게단위의 환산, 분수, 제곱근 구하기가 내용이다. 원주율을 3으로 계산했지만 설명돼 있다. 세종은 또 영휘산법도 보았다. 경상도 감사가 명나라 초기의 수학책 양휘산법 100권을 인쇄해 바친 적도 있다. 당시의 책 내용은 후대의 중국 수학자 정대위가 쓴 산법통종으로도 유추할 수 있다. 초등수학인 산법통종의 문제를 하나 보면 아래와 같다. 손님과 객실 수를 묻는 문제다.

여관업을 하는 이가(李哥)의 집에 손님이 많이 몰려왔다. 한 방에 7명씩 넣으면 7명이 남고, 9명씩 넣으면 방 하나가 남는다. 손님 수와 객실 수를 알아내라. 요즘에는 이를 연립방정식으로 쉽게 푼다. 답은 손님은 63명, 객실은 8개다.

세종은 국가 경영의 필요에 따라 수학을 중시했다. 이는 아들 중에 재능이 있는 수양대군과 광평대군의 수학 학습으로도 이어졌다. 그러나 세종 때 붐을 이룬 수학은 더 이상 큰 진전을 이루지 못한다. 세종과 세조 이후의 임금들이 크게 관심을 보이지 않은 탓이다. 대신 수학은 중인 계급을 통하여 발전되었다. 토지측량, 세제, 역법 등의 업무를 취급하는 그들은 아버지나 친척의 영향을 받아 세습 경향이 있었다. 그래서 조선은 세계에서 특수하게 중인이라는 수학자 집단이 형성됐다. 산학과 관련된 과거제도는 잡과로 취재라는 시험을 봤다. 조선에서는 이 시험을 통해 1627명의 중인 산학자가 배출됐다. 이들은 전문직으로서의 자부심이 강했다. 스스로를 새로운 지식층으로 인식, 같은 중인 계층인 아전과는 심리적 차별화를 시도했다. 그 배경은 조선 초기에 왕과 왕실 그리고 고위 관료가 관심을 보인 학문이라는 점에서 찾을 수 있다.

6

재능과 적성에 따른 맞춤 교육을 하라

"무릇 사람이 젊어서 호화로우면 장성하여 교만하고, 젊어서 고생을 겪으면 커서 성취함이 있다."〈세종 21년 4월 4일〉

세종은 재능에 따른 교육관을 보였다. 공부 재능이 있는 세자와 수양대군 안평대군에게는 문학과 역사를 고루 공부하게 했다. 수양과 안평 두 왕자에게는 중국도 다녀오게 해 시야를 넓혀주었다. 무인기질이 있어 공부에 취미가 없는 임영대군에게는 학문을 강요하지 않았다. 임영대군은 열한 살 때 형인 안평대군과 함께 성균관에 입학했으나 흥미를 갖지 못했다. 왕은 이런 그에게 관심분야인 총통제작 감독을 맡겼다. 임영대군은 문종 시절에는 왕명으로 화차를 제작하였다. 세종 시대에는 국방력 강화 차원에서 각종 무기가 개량되었다. 완구, 철제탄환, 화포전, 화초 등이 발명되었다. 성능 강화를 위해 총통등록 등이 편찬되는 등 계속해서 연구가 진행됐다. 왕은 임영대군의 적성을 고려해 이 같은 일에 관여하게 했다.

거침없는 성격의 무인기질이 강한 임영대군은 계산적이지 않았다. 깊게 고민하지 않고 곧바로 실천했다. 화려함이나 사치와도 거리가 있었다.

수양대군은 동복형제 중에서는 임영대군을, 이복형제 중에서는 계양군을 가장 애뜻하게 생각했다. 수양대군이 임금이 된 지 3년째에 임영대군과 계양군을 불러 인물평을 했다. 먼저 임영대군에게 술을 따르게 한 뒤 말했다. "아우는 질박하고 성실하다. 옷을 화려하게 꾸민 것을 입지 않으니, 유자(儒者)의 기상이 있다."

다음에 계양군에게 눈을 돌렸다. "아우는 깨끗한 의복을 좋아하고 스스로 아름답다고 생각한다. 그러나 임영대군에게는 미치지 못한다." 계양군은 세종과 신빈김씨 사이의 왕자다. 수양대군이 왕위에 오를 때 큰 힘을 보탠 왕실 후원세력의 대표격이다. 계양군은 세조의 곁에서 한시도 떠나지 않고 모든 명령의 하달과 집행을 보조했다. 왕의 아우이자 정권 실세인 계양군은 인물이 준수하고 옷도 세련되게 입는 왕실의 엄친아였다. 계양군 스스로 외모에 자신감을 보였다. 이를 세조는 익히 알고 있었다. 그러나 외모에 자신만만한 계양군에게 인물로는 임영대군에게 미치지 못한다고 평한 것이다. 이로 볼 때 임영대군은 대단한 훈남으로 추측된다.

임영대군은 재산에도 관심이 덜했다. 공부해도 과거를 볼 수 없었던 왕자들은 문학이나 술에 취하거나 재산을 늘리는 데 신경을 썼다. 왕위에 관심이 있었던 안평대군은 술과 여자를 가까이하면서도 재산을 계속 축적했다. 또 계양군의 동생인 밀성군은 아내인 민씨 부인 외에는 여성은 거들떠보지도 않았다. 대신 재산을 차곡차곡 쌓았다. 이에 비해 임영대군은 재산에는 눈감고 즐기는 생활을 택했다. 그의 재산 상황에 대해 세조가 술에 취한 상태에서 한 말이 있다. 세조는 14년 1월에 궐에 찾아온 임영대군과 술을 마셨다. 취기가 오른 세조는 박원형에게 말했다.

"나의 형제들은 변고가 많았다. 이제는 임영대군이 홀로 남았다. 나의 정과 의리는 오직 하늘만이 알 것이다. 안평대군은 산업(產業)이 풍족했지만 임영대군은 가난했다."

세조는 술이 취하자 형제와 자녀를 회상했다. 재위 2년 만에 숨진 형 문종과 정변 때 목숨을 잃은 안평대군과 금성대군, 그리고 요절한 광평대군, 평원대군 그리고 30대에 숨진 영응대군을 거론했다. 변고가 많았다는 것은 여러 이유로 저세상 사람이 되었다는 것을 의미한다. 동복형제 중에 자신과 임영대군만이 남았음을 아쉬워하면서 동생들의 재산상황도 언급한 것이다.

7
잘하는 일에 능력을 극대화 시켜라

"세종이 일찍이 두 개의 강한 활을 세조에게 내렸다. 이는 무인(武人) 박성량만 홀로 당기던 것이다. 그래서 쓸데없는 대각(大角)이라고 불렀다." 〈세조 총서〉

"나는 소년 시절에 기운이 웅장하고 마음이 씩씩하였다. 가야금을 타고, 활을 쏘고, 투호 같은 놀이를 하며 살 생각을 했다. 그러나 지금은 그렇지 않다. 만약 유흥에 빠져 절제하지 않았으면 정치를 하고 오랑캐를 굴복시키지 못했을 것이다."

세조는 신하들과 가끔 활쏘기를 한 뒤 술을 마셨다. 세조의 화살은 백발백중 과녁을 관통하였다. 신하들이 감탄하며 찬미의 시(詩)를 올리기도 했다. 세조는 옛 신하들과 술을 기울이며 소회를 밝힌 것이다. 소년시절에는 삶을 그저 즐기려는 생각도 했지만 마음을 바꿔 정치를 하고 북방의 여진족을 다스려 나라를 안정시켰다고 술회했다.

세조는 조선을 안정시킨 군주다. 조카인 단종을 쫓아내고 왕이 된 탓에 도덕적인 약점을 지녔지만 정치 풍토를 혁신하고 경제와 사회의 안정을 가져온 군주다. 문종과 단종을 거치면서 비대해진 신권을 억누르고 국왕중심의 나라를 세웠다. 왕에 대한 사후 평가를 본다.

"왕(王)은 영예(英睿)하시고 학문(學問)을 좋아하여 게을리하지 아니하였다. 세종과 소헌왕후로부터 특별히 사랑을 받으셨다. 왕은 아침부터 밤까지 근심하고 부지런하였다. 항상 농사를 권하고, 학교를 일으키며, 어진 이를 구하고, 군사를 기르는 것을 먼저 생각했다." 〈세조 애책문(哀冊文)〉

왕은 문과 무를 겸비한 인재였다. 다섯 살 때 이미 효경을 읽을 정도의 영재인 세조는 활쏘기와 말타기 등 무예에도 크게 뛰어났다. 그의 담력과 세종의 반응이 '동각잡기'에 실려 있다.

세종이 규표(圭表)를 바로 잡을 때다.[11] 세조와 안평대군 및 다른 유신에게 명하여 삼각산 보현봉에 올라 해 지는 곳을 관측하게 하였다. 돌길이 위험하고 또 예측할 수 없는 벼랑이 내려다 보였다. 안평대군 이하의 모든 사람들이 모두 아찔하고 다리가 떨려서 전진하지 못하였다. 그러나 세조만은 나는 듯이 걸어가서 순식간에 올라가고 내려갔다. 보는 사람들 모두 탄복하여 따르지 않을 수 없었다.

11 금규표(圭表): 1년의 길이를 측정하고 24기(氣)를 관측하는 기기다. 1년의 길이는 해가 남중할 때 막대기의 그림자로 측정한다.

그의 진가는 군사훈련을 겸한 사냥인 강무에서 두드러진다. 세종 24년 3월 강원도 평가에서 강무를 할 때다. 백발백중인 수양대군의 활솜씨에 짐승들은 추풍낙엽이었다. 이에 세종은 장수들에게 군사훈련을 할 짐승이 부족할까 봐 걱정을 한다.

"수양대군이 한번 말에 채찍을 가하여 열 마리의 짐승을 잡고, 평원대군과 금성대군 또한 5, 6마리를 사냥했다. 훈련장의 짐승이 세 사람 손에 다 죽어 버리게 생겼다. 이는 군사훈련의 본의에 어긋난다."

이날 여진 사람 동나송개(童羅松介)는 수양대군의 신이(神異)한 무술을 보고서 꿇어앉았다. 그는 수양대군을 뛰어난 리더라는 의미의 나연(那衍) 또는 바투(拔都)로 칭했다. 동나송개는 몰래 그의 활을 당겼으나 다룰 수 없었다. 그는 서울로 돌아와서는 만나는 사람마다 "오직 한 사람만이 활을 다룰 수 있다"고 말했다.

이 활은 세종이 내려준 것이다. 세종은 천하장사인 무인(武人) 박성량 만이 홀로 당길 수 있던 활 두 개를 선물했다. 쏠 수 있는 사람이 거의 없기에 '쓸데없는 대각(大角)'으로 불리던 활이다. 그런데 수양대군은 강한 활을 항상 말 위에서 썼다. 어느 날 세조가 약한 활을 사용했다. 광평대군이 탄미(歎美)하며 물었다. "활은 좋지 않은데 화살은 어찌하여 이와 같이 빠릅니까?" 수양대군은 웃으며 답했다. "잘 쓰는 자는 붓을 가리지 않고, 잘 부는 자는 피리를 가리지 않으며, 잘 가르치는 자는 사람을 가리지 않는 법이고, 군자(君子)는 인(仁)을 행함에 있어 땅을 가리지 않으며, 지사(志士)는 의(義)를 행함에 있어 때를 가리지 않는 법이다."

그런데 세종은 왜 강한 활을 수양대군에게 내렸을까. 능력을 극대화하라는 의미다. 재능에 맞게 능력에 키우라는 뜻이다. 이와 함께 장수들에게 걱정했던 것처럼 독식을 경계한 것이다. 왕자가 사냥을 다하면 군사들이 훈련할 수 없음을 생각하게 했다. 강한 활 두 개는 능력과 배려를 상징하는 것이다.

8

경청의 기술을 가르쳐라

"여름은 가물더니 겨울은 지나치게 따뜻하다. 12월은 얼음을 얻는 계절인데, 날씨가 따뜻해 얼음을 저장할 수 없다. 어제는 짙은 안개가 끼었으므로 매우 상서롭지 못하다. 허물은 실로 과인(寡人)에게 있다. 재앙이 올 징조가 아닌가 두렵다. 간언(諫言)을 들어서 하늘의 꾸짖음에 대답하고자 한다." 〈세종 7년 12월 8일〉

세종의 많은 업적 밑바탕에는 경청의 기술이 있다. 세종은 조선의 어느 군주보다도 신하의 말에 귀를 기울였다. 동아시아 전반에 흐르던 군주 리더십의 핵심이 '왕은 말을 아끼라'는 것이다. 유교 정치의 큰 흐름인 덕을 베푸는 선정을 위해선 듣기를 잘해야 한다. 공자와 맹자를 숭상했던 세종은 신하들에게 많은 발언 기회를 주었다.

하지만 신하의 말을 듣되 자신의 주장을 굽히지 않았다. 차근하게 들은 뒤 생각이 다르면 논리적으로 반박했다. 그런데 언제나 논리에서 앞설 수만은 없는 일. 세종은 상황이 불리해지면 감성에 호소했다. 대표적인 예가 아들 임영대군의 문제였다. 그가 기생첩을 두었다. 세종은 달갑지는 않지만 상황을 받아들인 상태였다. 이에 승지 허후가 경연에서 임영대군의 기생첩 허락 철회를 주장한다. 20년 4월 23일자의 기사다.

허후: 신이 듣기로 대군중에 창기(倡妓)를 축첩한 분이 있다 하옵니다.

세종: 맞다. 나는 아들들에게 '모든 일은 반드시 나에게 아뢴 뒤 하라. 내가 모르는 일은 하지 말라' 고 하였다. 얼마 전 임영대군이 '악공(樂工) 이생(李生)의 딸인 작은 기녀(妓女)를 첩으로 삼고 싶다' 고 해서 정직성을 높이 평가해 허락했다.

허후: 음란한 행동은 불의를 저지르는 것입니다. 성상께서 여러 대군에게 보고를 말씀하신 것은 불의를 막기 위함입니다. 대군이 창기를 간통하려고 성상의 총명을 모독하면서도 두려워하지 않습니다. 엄중히 훈계하셨어야 했는데 허락을 하셨단 말씀입니까? 이번에 금하지 않으시면 여러 대군이 장차 성상께서 이미 허락하셨다며 문제를 일으킬 것입니다.

세종: 비록 창기지만 시집가지 않은 소녀인데 무엇이 문제인가. 이 역시 자손을 생산하는 방법이다. 뒷날까지는 걱정하지 말라.

허후: 진정으로 자손번성을 원하신다면 양가(良家)의 처녀를 택하시는 것이 옳습니다. 하필이면 창기로 한단 말씀입니까?

세종: 그렇다면 종친들의 기생첩을 다 쫓아내란 말인가?

허후: 다 내쫓는다고 해서 무엇이 해롭겠습니까? 기생첩을 두는 자는 다 호

협(豪俠)하고 방자한 자입니다. 나이 이미 많아서 다시 가르칠 수 없는 자라도 경계를 해야 합니다. 하물며 젊은 대군들은 학문에 힘쓰실 시절이라 불의와 향락을 가까이해서는 아니 됩니다.

세종: 내 여러 아들 중에서 임영대군은 본래 학문을 좋아하지 않으므로 내가 이를 허락한 것이다. 이미 허락해 놓고 다시 이를 내쫓도록 함은 내 차마 못하겠다.

허후: 본래 학문을 좋아하지 않는다면 이에 대한 방비와 금지를 더욱 엄하게 해야 합니다. 이미 그 불가함을 아셨으면 이미 허락하셨다 해도 마땅히 대의(大義)로써 잘라야 합니다.

세종: 이미 허락해 놓고 즉시 버리라고 명한다는 것은 내 진정 차마 하지 못하겠다. 내 앞으로 생각해 보겠노라. (바탕색 입혀서 디자인 작업)

세종은 한 차례의 논리적 설득과 한 번의 논리 전환 그리고 한 차례의 감성 등 3단계로 거절을 했다. 먼저 논리적으로 허후의 입을 막으려고 했다. 임금의 명령대로 보고의 의무를 다한 임영대군에게 잘못이 없다는 주장이다. 임금에게 보고한 것은 면책사항이라는 것이다. 그러나 허후는 보고한 왕자에게 세종이 훈계는 커녕, 허락했다고 반박했다.

둘째, 논리의 전환이다. 세종은 국면 전환을 왕실의 번영에서 찾았다. 왕실의 번영은 많은 자손의 생산이다. 기생첩도 자손 생산을 위한 방법이라고 강변했다. 하지만 허후는 자손 생산은 기생이 아닌 양가의 처녀를 들여도 된다고 세종의 논리를 일축했다.

셋째, 감성으로 호소했다. 아들이 학문을 좋아하지 않아서 허락했다며 아버지의 정으로 신하의 예봉을 피하려고 했다. 그러나 허후가 물러서지 않자 '허락하고 취소하는 것은 차마 못하겠다'고 감정에 호소했다. 심리전의 명수인 세종은 허후가 더는 반박을 하지 못하게 '앞으로 생각해 보겠다'는 말로 사건을 무마시켰다. 확실하게 거절을 한 것이다.

'백만장자의 마인드 비밀'을 쓴 하브에커는 논리와 감성 사이에서 무의식은 감정을 선택한다고 했다. 세종은 거절법으로 마지막엔 감정에 호소했다. 세종의 감정은 여느 사람보다 호소력이 배가될 수 있는 상황이었다. 뒤에 권위라는 힘이 있었기 때문이다. 세종은 최후의 보루인 권위에 의한 거절 카드를 염두에 두었기에 다양한 전술을 구사할 수 있었다. 먼저 논리로 말하고, 안되면 감성으로 접근하고, 그것도 안 되면 '내 맘대로 하겠다'는 여유가 있었을 것이다.

하지만 권위에 의한 거절은 체면이 손상되는 일. 그래서 가장 효과적인 논리로 제압하려고 두 차례나 시도했고, 그것이 여의치 않자 재빠르게 감성 전략으로 선회했다. 신하의 입장에선 논리는 논리로 받아칠 수 있다. 그러나 감성 호소에는 한발 물러설 수밖에 없는 게 인지상정이다. 더욱이 임금이 잘했다고 주장하는 게 아니라 감성으로 호소하는 데 신하가 어떻게 하겠는가. 세종은 신하가 더 공격하기는 쉽지 않다는 것을 알고 있었을 것이다.

허후는 논리적으로 세종의 말을 반박했다. 하지만 마지막 감성전략에 무너졌다. 세종이 마지막으로 언급한 '앞으로 생각해 보겠다'는 말에서 물러난 게 잘못이다. 임금의 뜻을 받아들이겠다고 답한 뒤 앞으로의 일정을 질문했어야 했다. 그러나 더 이상 말을 하지 않았기에 세종의 지연작전에 의한 거절을 수긍하는 결과가 되었다.

9

최후의 설득법을 몸소 보여주다

"전하께서 폐합(閉閤)하신 뒤에 당파가 없어질 것 같았는데 없어지지 않았고, 대고(大誥)하신 뒤에도 당파가 없어질 것 같았는데 또한 없어지지 않았으며, 밤에 유시하신 뒤에도 당파가 없어질 것 같았는데도 끝내 없어지지 않아서 마침내 각선(却膳)하시기에 이르렀던 것입니다." 〈영조 13년 10월 14일〉

세종은 임금 이전에 인간이다. 나라의 정책을 유교 숭상, 불교 억제로 정하고 강력하게 시행했다. 그러나 말년이 가까울수록 인간적인 허무를 느낀 듯하다. 주위의 가까운 사람이 하나 둘씩 숨지자 사후 세계를 생각했다. 임금은 먼저 간 왕족의 영혼을 달래고 왕실의 번영을 위해 불사를 계속 일으켰다. 영락없는 불교신자의 모습을 보였다.

효령대군이 한강에서 7일간의 수륙재(水陸齋)를 행하는 것을 인정했고, 홍천사의 사리각 석탑을 중수했다. 특히 소헌왕후의 명복을 빌기 위해 법회를 강행하고, 궁궐에 내불당(內佛堂)을 세웠다. 이는 필연적으로 유교입국을 주장하는 신료들과의 충돌로 이어졌다.

20년 4월에 유생 하위지가 3년 전 홍천사 사리각 중수 명령을 막지 못한 대신들을 극렬하게 비판했다. 이에 대사헌 안숭선, 집의 이승손, 장령 강진덕, 장령 성봉조, 지평 민건, 우사간 임종선, 지사간 이맹상, 좌헌납 조자, 우헌납 배강, 우정언 윤사균 등이 줄줄이 사표를 냈다.

특히 사간원에서는 영의정으로서 홍천사 불사를 막지 못한 황희를 국문하라고 목소리를 높였다. 이에 임금은 크게 화를 냈고, 사간원은 재차 의견 관철을 주장했다. 불교에 관련해 임금과 신하들의 신경전이 계속됐다. 임금은 신하들을 설득하려고 했으나 만만치 않았다. 이때 택한 방법이 단식이었다. 30년 8월 4일 실록에서 정황을 알 수 있다.

"처음에 불당을 짓기를 명령할 때에, 임금이 비록 반드시 말하는 자가 있을 것을 알았다. 당초 의례로 하다가 그만두리라고 생각하였다. 그런데 대간, 집현전, 정부, 육조의 대소문신과 국학(國學) 제생(諸生)에서 추부(樞府) 무신에 이르기까지 모두 극진히 간하여 기어이 청을 얻으려 했다. 임금이 불쾌하여 철선(撤膳)한 것이 여러 번이다."

임금은 문무 대신이 집단적으로 내불당 건설을 반대하자 철선의 방법을 택한 것이다. 철선은 고기반찬을 들지 않는 것이다. 철선은 왕실의 상을 당하거나 나라에 재앙이 있을 때 임금이 근신하는 의미로 행했다.

그런데 세종의 철선은 단순하게 고기반찬을 제외하는 게 아니었다. 아예 식사를 하지 않는 각선(却膳)으로 보는 게 타당하다. 수라에서 고기반찬만 빼면 왕이 반성한다는 의미가 된다. 신하들이 주장한 불사가 잘못되었음을 인정하는 셈이다. 그렇기에 수라는 올리되 반찬에 입에 대지 않는 철선을 한 듯하다. 또는 음식을 받되 아예 들지 않는 단식을 생각할 수도 있다. 반찬을 들지 않는 것으로는 신하들이 큰 부담감을 갖지 않을 수 있다. 그러나 단식은 신하들에게 엄청난 압박이 된다.

여기에서 철선은 시위용 이었던 것이다. 임금은 철선과 함께 세자에게 왕위를 물려주는 선위(禪位)의사와 거처를 옮기는 이어(移御) 의사를 병행해 신하들에게 심리적 부담을 가중시켰다. 결국 많은 신하는 더 이상 말을 하지 못했고, 끝까지 목소리를 높이던 집현전과 대간들도 입을 닫을 수밖에 없었다.

하늘에 반성하고 신하에게 모범을 보이고, 백성과 고통을 나누는 철선을 세종은 신하들과의 심리적 대결에서 우위를 확보하려는 수단으로 사용했다.

이 모습은 그대로 왕자들에게 산교육이 되었다. 신하들을 제압하는 최후의 수단으로 전승되었다. 당쟁이 극심하던 조선 후기에는 왕들이 이 같은 극단적인 방법으로 의지를 관철시켰다. 탕평책을 쓴 영조는 붕당이 심하자 신하들을 상대로 단식투쟁을 했다. 영조 13년 10월 14일 부교리 이석표는 임금에게 단식의 미봉책을 쓰지 말고 시비를 분명히 가려야 당파가 없어진다는 상소를 올렸다.

"탕평의 큰 뜻을 널리 알린 뒤 당파가 없어질 것 같았습니다. 밤의 경연에서 깊게 유시하신 뒤 당파가 없어질 것 같았습니다. 그러나 끝내 당파가 사라지지 않자 마침내 각선(却膳)하시기에 이르렀던 것입니다. 그러나 각선하신 뒤에도 역시 당파가 없어지리라는 것을 어떻게 알겠습니까?"

이석표는 임금이 단식으로 신하에게 부담 줄 게 아니라 시시비비를 가리는 게 해결책이라고 주장했다. 세종이 신하들에게 압박용으로 했던 단식은 조선의 왕들에게 전승됐다. 만백성의 어버이인 임금은 때로는 모든 신하들과 싸워야 하는 고립무원의 외로운 영혼이었다. 수세에 몰린 처지에서 극적인 반전이 가능한 게 단식투쟁이다. 조선 왕들은 이 방법을 알고 있었다.

10

술 마시는 법을 가르쳐라

"신민(臣民)이 술 때문에 덕을 잃는 일이 가끔 있는데 이는 고려의 풍조가 다 없어지지 않은 탓이다. 이는 매우 민망한 일이다." 〈세종 15년 10월 28일〉

세자의 빈객(賓客)인 윤회는 조선의 주신(酒神)이다. 열 살의 어린 나이에 통감강목을 외운 그는 총명함과 민첩함으로 태종과 세종의 극진한 사랑을 받았다. 선천적으로 술을 즐긴 그는 술로 인해 실수를 했고, 세종은 꾸짖고 경고했다. 하지만 천성이 바뀌지는 않았다. 왕실 조상의 영혼을 모시는 종묘 제례에서도 술에 취해 의례에 벗어난 행동을 했다. 사헌부의 탄핵을 받은 그를 임금은 "취중의 일로 벌하기는 어렵다. 그를 불러서 책하리라"고 용서했다. 그러나 이후에도 술로 인한 실수가 계속됐다. 임금은 그에게 "석잔 이상의 술은 절대 마시지 말라"고 당부했다.

아무리 주신이라 해도 어명은 어길 수 없다. 그는 묘안을 냈다. 잔이 아닌 사발로 마셨다. 취기는 더 오를 수밖에 없었다. 이런 그가 큰 사고를 쳤다. 세자에게 공부를 가르쳐야 할 빈객인 그가 술에 취해 서연(書筵)에 참석하지 못한 것이다.[12]

12 서연(書筵): 조선시대 왕세자를 위한 교육 제도다.

이는 불경죄에 해당됐다. 사헌부에서는 세자를 공경하고 마음을 삼가는 뜻이 없다고 처벌을 강하게 건의했다. 그러나 이번에도 세종은 윤회를 타이르는 선에서 마무리 했다.

음주에 관대한 임금의 시각은 금주다. 그러나 제사와 손님 접대 등을 감안해 절주를 현실적으로 생각했다. 술을 기호품이 아닌 외교와 제사의 의례용으로 생각했다. 술을 멀리한 세종도 주량은 충분했다. 술을 7잔에서 9잔까지 마실 능력을 유추할 수 있다. 다만 즐겨 마시지 않았을 뿐이다.

태종은 16년간 세자로 있던 큰 아들을 폐하고 셋째인 충녕대군을 후계자로 삼았다. 충녕대군의 발탁은 훌륭한 자질 덕분으로 볼 수 있다. 대신들은 세자인 양녕대군이 임금의 마음을 흡족하게 하지 못함에 따라 폐세자를 주청했고, 태종은 세자 교체를 결정했다. 고려시대에 이미 문과에 급제했던 태종은 무인이 아닌 문인이다.

태종이 그리는 정치는 유교의 가부장제도의 확장을 통한 강력한 왕정이었다. 가부장제도는 적장자 상속과 맥락을 같이한다. 유학자인 태종은 세자를 바꿨지만 양녕대군 아들을 왕세손으로 선정하는 안도 생각했다. 그러나 영의정 유정현 등을 비롯한 신료들은 어진 사람을 올리는 택현(擇賢)을 주장했다.

임금도 왕권의 안정을 위해 택현을 받아들였다. 태종은 충녕대군의 빼어난 능력을 잘 알고 있었다. 임금은 아들의 학식에 감탄해 "충녕은 용맹하지 못한 것 같지만 판단하기 어려운 중대한 일을 결단하는 데는 견줄 사람이 없다"고 크게 칭찬했다. 태종은 충녕대군에게서 학문 능력이 뛰어나고 영민함으로 정치하는 방법을 안다고 생각했다.

그런데 충녕대군에게는 술 마시는 능력도 있었다. 조선의 임금에게 술은 필수 조건이다. 외교의 정점인 왕은 외국 사신을 접견하고 연회를 베풀었다. 연회의 술은 진상품 등 다양했는데 고급인 소주를 즐겼다. 조선시대 소주는 발효시킨 주정을 솥에 넣고, 고리를 얹어 끓이는 증류식이었다. 따라서 맑고 투명하면서도 높은 도수를 유지했다. 숙취가 여느 술보다 적어 왕실에서 애용했고, 왕은 외국 사신들이 귀국할 때 하사하곤 했다.

양녕대군의 아들들을 후계자에서 배제한 태종은 둘째 효령대군과 셋째 충녕대군 사이에서 고민했다. 두 왕자의 운명은 술에서 갈렸다. 충녕대군은 술을 조금 마셨고, 효령대군은 못 마셨다. 태종은 충녕대군을 세자로 책봉한 이유를 다음처럼 설명했다.

중국의 사신을 대하여 주인으로서 한 모금도 능히 마실 수 없다면 어찌 손님을 권하여서 그 마음을 즐겁게 할 수 있겠느냐? 충녕은 비록 술을 잘 마시지 못하나 적당히 마시고 그친다. 효령은 한 모금도 마시지 못하니, 이것도 또한 불가하다. 충녕이 왕위를 맡을 만하니, 나는 충녕으로 세자를 정하겠다. 〈태종 18년 6월 3일〉

충녕대군이 술 마실 줄 알기에 세자를 시킨다는 이야기다. 태종의 발언에는 충녕대군이 술을 7잔 이상 마실 수 있다는 의미가 내포돼 있다. 당시의 소주 7잔은 요즘 소주 2~3병 분량이다. 조선의 명나라 사신 접대는 국가적 행사였다. 왕은 외국 사신에게 연회를 베풀고, 술이 오간다. 일본, 여진, 유구의 사신 접대는 주로 예조판서가 한다. 연회 때 조선의 국왕을 대신한 예조판서는 상대국 군주나 막부를 대신한 사신과 술 5잔을 받고 건넨다. 중국 사신에게는 다른 나라에 비해 한 등급 예우를 한다. 사신 환영 연회 주관을 임금이나 세자 또는 정승이 한다. 술은 7잔을 주고받는다. 물론 연회의 횟수와 참석자, 음주량은 상황 마다 다르다. 그러나 관념적으로 명나라 사신과의 연회 때의 술잔 교환은 7차례다. 태종도 이를 염두에 두고 '적당히 마시고 그칠 줄 안다'는 표현을 한 것이다. 태종이 생각한 적당히는 외국 사신과 연회를 흥겹게 이끌어갈 7잔 이상으로 본 것으로 생각할 수 있다.

세종은 신하들로부터 충성맹서를 받는 회례연을 실시했다. 1년에 정월 초하루와 동지 때 두 차례 거행한 회례연에서 세자를 비롯한 왕자들과 정승 판서 등 문무백관은 임금에게 목숨을 다해 충성하겠다는 다짐을 했다. 음악과 안무가 곁들여진 장엄한 행사에서 문무백관은 임금에게 술을 9잔 올린다. 임금은 술을 9잔까지 마실 수도 있는 것이다. 이 과정에서 세자와 왕자는 술에 대한 기본 개념을 익히게 된다. 신하를 통제하고, 백성과의 소통 방법으로 술의 의미를 깨닫게 된다.

그러나 세종은 아버지의 표현대로 술을 즐기지는 않았다. 조선시대에 술은 약 대용으로도 사용했다. 세종이 4년에 독한 감기에 걸렸다. 때마침 연일 비가 내렸다. 습한 기운이 대궐에 가득했다. 사람들의 건강에 적신호가 울렸다. 신하들은 임금에게 혈액순환을 좋게 하는 소주를 올렸다. 이에 대해 임금은 "술은 내 체질이 아니다"라며 거절했다. 계속된 신하들의 간청에 반잔을 마시고 내려놨다.

세종은 술 대신 음료수를 마셨다. 세종 5년에 가뭄이 들었다. 가뭄이나 홍수 등의 천재지변이 일어나면 임금은 근신하게 된다. 세종은 전국에 금주령을 내렸다. 임금은 치료용으로 마시던 술을 염주(鹽酒)로 대신했다. 염주는 소금을 넣어서 끓인 물이다. 영의정 유정현은 약효를 보기 위해 음주를 건의했다. 세종은 "나라의 재앙 책임은 임금에게 있다. 어찌 일신을 위하여 술을 마시겠는가. 또 백성이 금주하는 데 임금이 혼자 술 마시겠는가"라며 허락하지 않았다.

임금의 음주 정책은 유연했다. 소주로 인해 목숨을 잃는 등의 폐해가 심해지자 허조 등이 강력한 금주령을 요청했다. 이에 대해 세종은 "엄히 금한다고 술의 유혹을 막지는 못한다"면서 '술을 조심하는 글'을 지어 전국 관아에 내렸다. 각 고을에서는 임금이 내린 '술 조심' 현수막을 관아에 내걸었다.

하나, 중앙과 지방의 대소신민(大小臣民)들은 나의 간절한 생각을 본받고 과거 사람들의 실패를 귀감 삼으라.
하나, 업무에 지장이 될 정도는 술을 마시지 말라.
하나, 과음으로 몸을 병들게 하지 말라.
하나, 술을 수시로 마시는 병폐에서 벗어나 바른 예절을 지키게 하라.
하나. 술을 절제하여 건전한 사회풍속을 마련하라.

하지만 세종의 경계와는 달리 왕자들은 술에 푹 빠졌다. 수양대군, 임영대군, 계양군, 의창군 등 많은 아들이 술을 즐겼다. 수양대군은 등극 후 아예 술(酒席) 정치를 할 정도였다. 영의정 정인지와는 술을 마시면 흉금을 터놓는 대화를 했다. 외국의 사신과는 경복궁 집무실인 사정전에서, 종친이나 공신과는 침전인 강녕전에서 술 대화를 즐겼다. 왕자들은 술로 인해 목숨도 잃었다. 익현군이 세조 때에 불과 33세로 숨졌다. 익현군은 밤마다 사람들과 어울려 술을 마신 탓에 병을 얻었다. 피를 토하고 숨지자 세조가 크게 슬퍼하며 계양군을 질책했다. "이는 모두 계양군의 허물이다. 의창군이 술로써 죽었는데, 익현군도 또한 술로 죽으니 매우 슬프다." 계양군은 세종과 신빈 김씨 사이의 큰아들이다. 신빈 김씨는 계양군, 의창군, 밀성군, 익현군, 영해군, 담양군 등 6명의 왕자를 낳았다. 이중 막내인 담양군은 세종의 승하 때 슬픔이 지나쳐 21일 만에 숨졌고, 계양군, 의창군, 익현군은 술을 너무 좋아해 건강을 잃었다. 세조가 이복동생들의 죽음에 계양군 탓을 한 것은 '형이 술을 즐기니 동생이 절제하지 않았다'고 아쉬워한 것이다.

11

성격을 바꾸는 올바른 기술

"세조는 성질이 공손하고 검소하였다. 신하들이 일찍이 내전에 들어가 보니, 감색 무명 호구(虎裘)를 입고 푸른 짚신을 신고 나무 갓끈에 대나무 지팡이를 끌었다. 이는 비록 씻은 옷을 입은 한 문제(漢文帝)도 따르지 못할 것이다."
〈필원잡기〉

조선 전기의 문사인 서거정은 필원잡기에서 세조의 성질을 공손(恭遜)으로 표현했다. 공손은 말이나 행동이 겸손하고 예의 바른 것이다. 성격이 급하면 겸손하기 쉽지 않다. 소년시절의 수양대군은 성격이 불같았다. 담력도 있고, 추진력이 강했다. 그렇기에 계유정난으로 정권을 잡을 수 있었다. 서거정의 표현은 미화일 수 있다. 하지만 전적으로 거짓일 수도 없다. 세조는 수양대군 시절에 급한 성격을 바꾸기 위해 노력을 했기 때문이다.

세종의 왕자인 문종, 평원대군 등은 대부분 성격이 온순하고 부드러웠다. 조용하고 겸손한 유형이다. 이에 비해 수양대군은 성격이 급했다. 몸에 열이 많은 체질로 겨울에도 얇은 옷을 입은 그는 직선적이고 과감했다. 세종 16년 2월 평강에서 강무를 했다. 수양대군은 아버지를 따라 사냥에 나갔다. 추운 날씨에 비가 오고 바람도 불어 사람들이 여러 겹의 옷을 입고 귀마개와 모자를 썼다. 그럼에도 추위에 떨었다. 하지만 수양대군만 홀로 한 겹의 옷을 입고, 팔뚝을 걷고 있어도 손이 불덩이처럼 따뜻했다.

수양대군은 급한 성격을 고치기 위해 노력했다. 그것은 품이 넓은 옷을 입고 천천히 생각하는 것이었다.

세종은 군사훈련에서 왕자들에게 직접 승마와 활쏘기 모범을 보일 것을 지시했다. 하루는 세종이 세자와 함께 군사들의 사냥을 겸한 군사훈련을 지켜봤다. 수양대군이 말을 달려 사장(射場)으로 나왔다. 사장은 활을 쏘는 장소다. 임금이 사냥할 때 몰이한 짐승을 쏘는 곳이다. 사방에 표(標)를 세워 일반인의 접근을 금지하였다. 사냥을 겸한 군사훈련에서는 짐승을 산에서 잡지 않는다. 산에서는 말이 달릴 수 없고, 부상을 당하기 때문이다. 산속에 숨은 짐승을 들판으로 내몬 뒤 화살을 쏘아 잡는다. 수양대군이 말을 타고 화살을 쏘는 지역으로 나오자 세종이 세자에게 말했다. "수양대군은 진실로 용감하고 날렵하다."

그런데 수양대군은 이 무렵에 항시 품이 넓은 옷을 입었다. 사람들이 특이한 복장에 웃음을 짓곤 했다. 세종은 이때 아들의 노력을 칭찬했다.

"너같이 용맹하고 날렵하고 적극적인 성격은 옷을 넉넉하게 입는 것이 옳다."

세종은 단점을 극복해 장점으로 승화하려는 아들의 노력을 가상하게 여겼다. 세종의 말은 자신의 성격 모순을 경계해 승화시키는 위현(韋弦)의 뜻이다. 위(韋)는 성질 급한 사람이 가죽(韋)을 몸에 차고서 이를 보고 행동을 늦춘 데서 유래된다. 현(弦)은 성질이 느린 사람이 활시위(弦)를 차고서 행동을 빨리 한데서 나왔다. 임금은 아들이 품이 넓은 옷을 입고 급한 성격을 바꾸라고 한 것이다. 수양대군의 급한 성격은 넓은 옷을 입으면서 서서히 바뀌었다.

12

사치를 멀리하고 근검절약으로 존경을 받아라

"세종 때는 궁녀가 1백 명 미만이었고, 어구마가 열 마리도 안 되었다고 합니다. 세종은 곧 우리나라의 성군(聖君)이십니다." 〈숙종 12년 11월 29일〉

유교에서 지향하는 이상사회는 백성이 편안한 세상이다. 세종은 사치를 멀리하고 근검절약했다. 후대의 왕과 사대부들도 근검절약의 모범을 세종에게서 찾았다. 조선 중기의 학자인 이경여는 임금의 바른 정치 여부를 사치와 검약으로 보았다. 그는 인조에게 '사치의 피해는 자연재해보다 심하다'면서 왕실에서부터 사치풍조를 배격하라고 상소했다. 그는 다음 왕인 효종에게는 세종대왕을 본받을 것을 요청했다. "세종 때는 궁녀가 1백 명이 안 되고, 임금을 위한 구마(廐馬)도 수십 필에 지나지 않았습니다. 의복도 검소했습니다." 구마(廐馬)는 임금이 사용할 수 있도록 기르는 말이다. 임금은 말을 공이 있는 신하에게 하사해 지도력을 확보한다. 그러나 세종은 꼭 필요한 인원만 채용하는 작은 정부를 추진하고 왕이 쓰는 선물 예산을 줄여 세금 부담을 줄였다.

숙종 때의 우의정 이단하는 세종의 근검생활을 임금에게 보고한다.

"세종대왕께서 민간에 사치 풍습이 있음을 늘 걱정하셨고, 정승 황희가 '신이 고치겠습니다' 라고 했습니다. 황희는 훗날 굵은 베로 만든 옷을 입고 와 임금께 아뢰었습니다. '신이 이런 차림인데, 백관이 어찌 감히 사치를 범하겠습니까? 성상께서도 몸소 검약을 실천하여 보여 주심이 마땅합니다.' 세종께서 그 말을 받아들이시자 한때의 사치 폐습이 크게 고쳐졌습니다."

세종의 사치를 배격한 삶은 왕자들에게 귀감이 되었다. 인조와 효종에게 상소를 한 이경여는 세종의 왕자인 밀성군의 6대손이다. 그는 집안에 내려온 이야기를 정리해 아들과 조카들에게 가훈으로 남겼다. 사치에 관한 부분을 옮겨본다. '사치(奢侈)함과 호화로운 것은 여러 가지 악(惡)의 근본이다. 모든 값진 장식품도 역시 좋은 뜻을 손상(損傷)시킨다. 백가지 구경을 좋아하는 함 역시 뜻을 상하게 하는 것이다. 음란(淫亂)한 음악과 아름다운 여색(女色)은 가장 마음을 더럽히는 게 되는 것이니 굳게 방비(防備)하여 범하지 말라.'

수양대군도 아버지의 뜻을 받들었다. 수양대군은 즉위 직후 중궁전의 주방(酒房) 술잔을 금으로 만들고, 동궁의 벼루와 향로를 은으로 만들라는 건의를 받았다. 그러나 거절했다.

"왕자와 공주는 궁중에서 성장하여 부족함이 없다. 사치하기 쉬운 여건인데

이는 올바르지 않은 길로 안내하는 격이다. 당나라 태종은 벼루와 향로를 동으로 만들었다. 천하의 부를 가지고도 이와 같았는데, 우리 형편으로는 금은 장식은 맞지 않다."

소헌왕후도 아들과 며느리가 사치하지 않도록 교육을 했다. 소헌왕후가 하루는 모든 아들을 불러 가르쳤다. "첩(妾)을 대함에 있어 정적(正嫡)에 견줄 수 없으며, 의복을 사치해서는 안 된다." 소헌왕후는 며느리 앞에서는 몸소 검소한 덕을 보였다. 빨래를 하고, 물레질을 행했으며, 며느리들에게 항상 교만과 사치를 경계하도록 훈시했다.

그러나 안평대군의 아내는 사치가 심했다. 고운 옷을 찾았고, 패물도 화려했다. 내명부의 여인들이 감히 그녀의 사치를 말하지 못하고 수양대군의 아내에게 의지했다. 이를 안 소헌왕후는 "모두 네게 의지하고 있으니, 너는 이들을 어루만지고 사랑하며 모범을 보이라"고 격려했다.

13
물려주는 법을 가르치다

"세자가 국정을 통섭한다. 여느 때 세자와 비교할 수 없다. 그래서 신하들로 하여금 칭신(稱臣)하게 하였다. 신하들이 왕에게 네 번 절하는데, 동궁이 조회를 받는 데는 두 번만 절하게 하는 것은 옳지 않다."〈세종 29년 9월 11일〉

임금은 정궁을 비우지 않는다. 특별한 상황이 있지 않는 한 떠나지 않는다. 정궁은 공적으로는 통치행위의 공간이고, 사적으로는 편안한 사생활의 장소다. 정궁을 비우는 것은 크고 작은 변고 가능성으로 점쳐질 수도 있다. 세종은 30여 차례 이어(移御)를 했다. 32년의 통치기간을 고려하면 두드러진 것은 아니다. 그런데 재위 27년부터 승하하는 32년까지는 여러 곳을 전전했다. 특히 27년과 28년의 2년 동안에는 아예 왕궁을 비우다시피 했다. 임시거처인 시어소(時御所)에서 머문 날이 무려 690일이다. 정궁인 경복궁에 머문 날은 730일 중에 40일에 불과했다.

시어소로는 연희궁, 희우정, 양녕대군가, 효령대군가, 수양대군가, 광평대군가, 금성대군가, 임영대군가 등 왕궁이나 왕족과 관련된 곳은 물론이고 조대림, 신자근 등의 대신의 집도 이용됐다.

역대 왕들이 거처를 옮기는 주된 이유는 피병(避病)이다. 세종도 온천 요양 등의 이유로 궁을 비울 때가 있었다. 말년에는 몸도 약해지고 가족을 거푸 잃은 심리적 충격도 커 휴식이 필요했다. 그러나 이 기간에 직접적인 피병은 27년 4월 연희궁 이어 정도다. 소헌왕후와 광평대군을 잃은 임금은 이곳에서 마음을 달래려고 했다. 그러나 여름이 되자 비가 오면 사람들이 개천을 건널 때 불편할 것을 고려해 임영대군 집으로 옮긴다. 임금의 옥음을 들어본다.

"이곳에 피거(避居)하면서 여러 해를 지나고자 하였다. 그런데 여름에는 천둥이 치고 비가 와 개천이 넘친다. 사람들이 물을 건너기에 괴로울 것이니, 이것이 어찌 작은 폐단이겠는가. 대소의 시위하는 사람의 왕래하는 괴로움을 차마 볼 수 없으니, 임영대군 집으로 이어하고자 한다."

세종이 궁을 비운 더 큰 뜻은 세자에게 힘을 실어주기 위함이다. 임금이 궐 밖으로 나가면 정국은 세자가 주도한다. 자연스럽게 세자가 실질적인 통치행위를 하게 된다. 대리청정을 하는 세자가 정국을 장악하는 계기가 된다. 이는 곧 선양까지 하겠다는 임금의 복선이 깔려있다. 세종의 이어가 양위 선언과 함께 계속된 점에서 유추할 수 있다. 실제로 신하들은 이를 염려해 이어를 반대했다. 30년 7월 임금은 소헌왕후의 명복을 빌기 위해 경복궁에 내불당을 지으려고 했다. 신료들은 결사반대를 했고, 임금은 임시거처로 나갈 의사를 밝히며 물러서지 않았다. 의정부와 육조의 관원이 이어 중단을 간청했다. 당시 사관은 신하들의 행동 배경을 다음처럼 적었다.

"정부와 육조에서 이어 정지를 청하였다. 이는 동궁에게 선위(禪位)할까 두려워한 까닭이다."

세종은 세자에게 권력을 주기 위해 3단계 조치를 취했다. 첫째는 대리청정, 둘째는 초법적 권한부여, 셋째는 선위다.

첫째, 대리청정이다. 임금은 27년에 실제적인 제왕수업을 위해 세자에게 대리청정을 시켰다. 격무에 시달린 세종은 여러 질병에 시달린 것도 사실이지만 아들에게 실무 장악력이 필요한 시점으로 파악했다. 그해 5월 1일 임금이 말했다.

"전자에 내가 세자에게 선위(禪位)하고 한가롭게 있으면서 병을 수양하고자 하였다. 그러나 경들이 울면서 반대해 억지로 따랐다. 되풀이해 생각하니, 번쇄(煩碎)한 여러 일을 일체 친히 처결하면 반드시 다른 병이 날 것이니, 심히 염려한다. 이제 나라의 중한 일 외의 일체 서무(庶務)는 세자에게 다스리게 한다."

왕은 이미 4월 17일에 '세자에게 뭇 정사를 맡기겠다'고 선언한 바 있다.

세종은 신하들의 반대에 불구하고 관리 임명, 형벌, 군사 등 극히 중요한 사안을 제외한 일체의 업무를 세자에게 맡긴 것이다. 또 5일에 한 번씩 동궁에서 조참을 하도록 했다. 조참은 문무백관이 임금에게 문안드리는 것이다. 세자로 책봉된 지 25년이 된 아들은 31세의 장년이었다. 아버지를 빼닮은 아들은 정사를 무난하게 처리했으나 한계가 있었다. 신하들의 반대 속에 세자의 정치참여는 아버지의 기대치에 미치지 못했다.

둘째, 초법적 권한부여다. 대리청정 성격은 두 가지다. 하나는 실무를 익히는 인턴이고, 또 하나는 뭇 신하를 통솔하여 국정을 주도적으로 이끄는 것이다. 세종은 왕이나 다름없는 절대 권력을 세자에게 주려고 했다. 임금은 대리청정 하는 세자에게 대신들은 신하의 예를 갖추도록 했다. 구체적으로 세자는 조회를 받을 때 남면하고, 신하들은 칭신(稱臣)과 4배(四拜)를 하라고 했다. 우주의 중심인 북극성을 상징하는 왕은 신하를 맞을 때 북쪽에서 남쪽을 향해 자리한다. 이것이 남면으로 왕권을 의미한다. 세자가 남면하는 것은 왕권을 행사한다는 의미다.

임금의 교지에 대해 의정부와 육조, 사헌부 등에서 곧바로 반대상소를 올린다. 25년 4월 19일 대사헌 민신 등은 "세자가 남면하여 조회를 받는 것은 중국에서도, 우리나라에서도 예가 없습니다. 하물며 하늘에는 두 해가 없고 백성에게는 두 임금이 없는 것인데, 세자가 남면하여 조회를 받는다는 것은 결코 시행할 수 없습니다."라고 반대했다. 부제학 최만리도 "세자가 남면하여 백료들을 신하로 삼는다면 정사에 통일과 기상이 없고 두 개의 조정이 있는 듯하여, 국가 경영에 옳지 못합니다."

라고 직언했다.

남면의 엄청난 상징성 때문에 결사반대를 한 것이다.

신을 칭하는 것도 같은 맥락이다. 왕과 세자는 부자지간이지만 공적인 관계에서는 군신사이다. 따라서 세자는 임금에게 전하라고 호칭한다. 조선에서 신이라는 자칭을 받는 존재는 오로지 왕밖에 없다. 그런데 세종은 신하들에게 세자에게도 '신'을 칭하라고 했다. 이는 임금으로 대우하라는 뜻이다. 김종서, 하연 등이 29년 9월 3일 아침부터 해가 기울 때까지 반대한 명분도 하늘에 두 해가 없다는 것이다

"모든 신하들로 하여금 동궁께 칭신(稱臣)하라고 하였사옵니다. 하늘에는 해가 둘이 없사옵고, 백성에게는 임금이 둘이 없사옵니다. 이제 동궁은 모든 정무를 재결하시면서 또 신하들로 하여금 칭신(稱臣)하게 하오면 무엇이 지존(至尊)과 다를 것이 있사옵니까."

사배도 왕권의 상징이다. 임금은 29년 9월 11일 좌의정 하연 등에게 지시했다.

"세자가 국정을 통섭한다. 여느 때 세자와 비교할 수 없다. 그래서 신하들로 하여금 칭신(稱臣)하게 하였다. 신하들이 왕에게 네 번 절하는데, 동궁이 조회를 받는 데는 두 번만 절하게 하는 것은 옳지 않다."

사배(四拜)는 네 번을 거듭하여 머리를 조아려 절하는 것이다. 사배는 임금과 문묘의 공자를 향해 행해졌다. 그러나 임금이 아닌 공자에 대한 사배는 비판되기도 했다. 연산군도 문제점을 지적했다.

"공자는 비록 성인이지만 그 직분으로 말하면 신하이니, 사배례를 그만두고 재배하는 것이 옳다."〈연산군일기 12년 8월 28일〉

세종은 신하들의 격렬한 반대에 부딪혔다. 그러나 남면과 칭신은 5년 만에, 사배는 곧바로 시행토록 했다. 이 과정에서 세자는 군왕에 버금가는 존재로 떠올랐다. 이 제도는 문종 때 원래대로 환원됐다.

셋째는 선위다.

세종은 27년과 29년 세 차례에 걸쳐 선위를 시도했다. 임금은 27년 1월 18일 수양대군을 통해 대신들에게 양위의 뜻을 전했다.

"후계자에게 왕위를 미리 물려주는 것은 수천 년 역사에서 10여 임금에 지나지 않았다. 근년에는 수재와 한재가 잇따르고, 또 내 오래된 병이 떠나지 않으며, 두 아들을 연거푸 여의니, 하늘이 도와주지 않음이 분명하다. 병으로 인하여 조회도 받지 못하고, 또 이웃나라 사신들도 만나보지 못하며, 제향의 향축(香祝)도 몸소 전하지 못하고, 구중궁궐 안에 깊이 있어서 모든 일을 다 환자(宦者)를 시켜서 명령을 전하게 하매 잘못된 것이 많다. 임금의 직책이 과연 이래서 되겠는가. 세자로 하여금 왕위에 나아가서 정사를 다스리게 하고 나는 물러나 앉아서 군사에 관한 국가의 중대한 일은 내가 장차 친히 결정하고자 하노라."

세종은 질병으로 인해 공무를 제대로 처리하지 못함을 들어 선위를 밝힌 것이다. 그러나 국가 중대사는 세자를 도와 국정에 흔들림이 없도록 할 뜻도 말했다. 태종이 세종에게 선위할 때와 똑같은 방법이다. 깜짝 놀란 신하들은 이틀간 울면서 만류했다. 한발 물러났던 임금은 3개월 후인 4월 28일 같은 이유를 들어 다시 선위를 선언했다. 이에 신개 등이 역시 울면서 "건강이 좋지 않으면 문서로써 지시하시고, 동궁과 대군이 정치에 참여하면 됩니다"라며 강경한 반대를 했다.

양위는 현실적으로 설득력이 부족했다. 세종이 이제 50줄에 접어든 나이인데다, 정국 운영이 잘되고 있었기 때문이다. 또 명나라와의 외교 문제도 있었다. 조선이 4대 연속 선위를 하는 점을 중국에서는 이해하기 어려운 상황이다. 따라서 강력한 의지가 아닌 한 실천은 쉽지 않았다. 그럼에도 불구하고 세종은 선위를 시도했고, 철회를 했다. 선위의 진정성은 알 수 없다. 하지만 이 과정에서 세자의 위상은 예전과 천양지차임은 당연하다. 임금은 양위가 이뤄지지 않자 방랑을 시작한다. 이는 선위를 진정으로 추진했거나 최소한 선위와 같은 효과를 보려고 했음을 짐작할 수 있다. 임금이 없는 궁에서는 아들이 그 역할을 할 수밖에 없기 때문이다.

세종은 아들을 위해 출궁했다. '집 없는 천사' 역할을 한 것이다. 임금은 이미 양위 선언 한 달 전에 연희궁을 고치도록 했다. 집수리가 끝나자 27년 1월 2일 이어를 했다. 이후 세상을 잊은 사람처럼 이 집, 저 집에서 생활하던 임금은 소헌왕후 사이와의 막내인 영응대군 저택에서 승하했다. 아들에게 힘을 실어주기 위해 떠돌이 생활을 한 세종대왕은 진정, 집 없는 천사였다.

14

시간 관리법을 몸소 실천으로 보여주다

"세종이 편전에 나와 앉아 계시면서 여섯 승지가 각 분야의 사안을 가지고 때 없이 드나들게 하였습니다. 이 같이 한 까닭에 대소 신료들이 감히 게으름을 피우지 못하였습니다." 〈인조 8년 1월 28일〉

세종은 자녀들에게 반듯함을 요구했다. 이는 의방(義方)으로 표현된다. 의방은 부모가 자녀에게 주는 교훈이다. 사람으로서 마땅히 지켜야 할 신의 성실 등을 포함한 바른생활 안내다. 이의 방법으로 외모를 단정히 하고, 사리에 맞는 행동을 한다.

엄격한 생활은 동시에 시간 관리의 배움이기도 했다. 정해진 시간에 정해진 장소에서 정해진 일을 하는 규칙적인 사람이 되어야 했다. 이는 자녀와 더 오랜 시간 같이한 엄마의 몫이 많았다. 당시의 학자인 정인지는 "왕후께서 여러 아들을 가르치는 데에는 반드시 의방(義方)으로 하여 자손들이 번성하였다"고 했다.

바른생활 태도는 임금의 일상이었다. 세종은 업무에 충실했다. 후대의 임금들에게 역할 모델이 되었다. 학자들이 군주들에게 권하는 바가 되었다. 1630년 1월 28일 참찬관 이경여는 경연에서 인조에게 세종의 자세를 본받을 것을 청한다.

"옛날 임금들은 날이 새기 전에 옷을 갈아입고 이른 아침에 정사를 보았습니다. 특히 세종은 편전에 나와 앉아 계시면서 여섯 승지가 각기 업무 보고서를 갖고 때 없이 드나들게 하였습니다. 이같이 한 까닭에 대소 신료들이 감히 게으름을 피우지 못하였습니다."

아침 일찍부터 정사를 보고, 신료들이 수시로 업무보고를 할 수 있도록 하라는 건의다. 또 세종은 이 같이 정치를 했다는 것이다. 세종은 하루를 새벽 4시쯤에 열었다. 바로 통행금지가 해제되는 시간이다. 임금은 복장을 차리고 상왕인 태종에게 문안하고, 해가 뜰 무렵에 대신들의 조회를 받았다. 임금의 하루는 아침, 오전, 오후, 밤의 사시(四時)로 나뉜다. 아침에는 신료들과 정치를 이야기하고, 오전에는 방문객들을 접견하고, 오후에는 조정의 법령을 검토하고, 밤에는 마음과 몸을 수양한다. 왕이 공식적으로 잠자리에 드는 시간은 밤 10시 이후였다. 그러나 세종은 이 시간에 책을 즐겨봐 주로 자정 무렵에야 취침을 했다.

세자 그리고 왕자들은 궐 안에서 생활하는 동안에 아침저녁으로 임금을 비롯한 왕실 어른들에게 문안 인사를 드려야 했다. 이것이 의방, 바른 생활의 시작이다. 이 과정을 통해 시간을 관리하는 능력이 키워졌다. 한 시도 허투루 쓰지 않는 세종을 닮아갔다. 새벽에 일어나는 습관은 아침형 인간의 모습이었고, 밤늦게까지 공부하는 모습은 올빼비형 인간의 자세였다. 세종은 자녀를 아침부터 늦은 밤까지 공부하는 전천후 인간으로 만든 것이다.

4장

학교의 중요성을 알게 하라

1
훌륭한 선생님의 중요성

"낳으신 여러 아들을 모두 후궁으로 하여금 기르게 하시니, 후궁이 또한 마음을 다하여 받들어 길러서 자기 소생보다 낫게 하였다." 〈소헌왕후 영릉비문〉

"생각하건대 원자는 나라의 근본입니다. 성인(聖人)으로의 성장 유무는 평소 교양(教養)의 착하고 착하지 못한 데에 있습니다. 지금 원자께서 타고난 자질이 뛰어나고 품성이 총명하므로 전하께서 국학(國學)에 들어가도록 명하시었습니다. 성인이 정치를 하는 도리를 배우게 하였으니, 국본(國本)을 위하여 염려하신 바가 지극하다 하겠습니다."[1]

태종 4년 5월 9일 사간원에서 올린 상소다. 장차 나라를 이끌어갈 원자는 인격을 훌륭하게 가다듬어야 한다는 주장이다. 어린이인 원자의 성품은 유모의 영향이 크다. 젖을 먹이고 스킨십을 하는 실제 어머니이기 때문이다.

세종의 자녀교육 특징 중 하나는 유모에게 있다. 왕자나 공주가 태어나 삼칠일이나 일백일이 지나면 유모가 젖을 먹였다. 유모는 아이의 인생에 결정적 영향을 미친다. 정신적 엄마는 낳아준 왕비나 후궁이지만 피부 접촉을 통해 안정을 주는 엄마는 유모다. 낳아준 엄마와 함께 유모가 아이의 성정을 결정하는 중요한 사람인 것이다. 유모는 왕자가 훗날 왕으로 등극하면 종 1품의 봉보부인(奉保夫人)으로 봉해진다. 키워준 어머니로서 예우를 받는 것이다.

대궐에는 왕의 자녀 양육을 담당한 보모상궁이 있다. 큰아들인 원자에게는 두 명, 그 밖에 자녀에게는 한 명씩 있다. 유모는 보모상궁에 비해 더 막중한 책임이 있다. 보모상궁과 비슷한 역할을 하면서 젖까지 물리기 때문이다.

유모의 조건은 까다롭다. 양인이나 양반 신분에 아이를 낳은 지 8개월 미만으로 유질(乳質)이 좋아야 한다. 하지만 갓 출산한 양인이나 양반 유모를 구하기는 쉽지 않았다. 유즙이 풍부하고 건강한 여인을 빠른 시간에 구하는 게 극히 어려웠다. 외부 요건이 합당해도 심성을 아는 데 시간이 필요했고, 가정생활이 보호되는 여인을 강제로 징집하는 것도 문제였다. 이에 숙종은 각 사의 노비를 유모로 선발했다. 각 기관 노비의 생활환경은 평민과 비슷했고, 현황 파악이 쉬웠다. 신속하게 유즙이 좋은 건강한 여인을 찾을 수 있는 장점이 있었다. 유모로 발탁된 여인은 가족과 생이별하게 된다. 궁에 한번 발을 들이면 살아서는 궁 밖으로 나가지 못한다. 자신의 친 아이와도, 남편과도 이별이다. 이에 어떤 유모는 남편에게 새 장가를 들이고 입궁하기도 했다.

유모도 감정이 있는 사람이다. 왕자 양육에 열과 성을 다하지만 보살펴 주지 못하는 친자녀 생각을 하지 않을 수 없다. 마음이 공허하면 왕자와 공주 양육에 틈이 있을 수도 있다. 영조는 28년 2월 의소세손(懿昭世孫)이 설사를 하는 데 분노했다.[13] 유모가 술을 마셔 세손이 설사를 한 탓이다. 술을 좋아한 유모가 밤에도 마셔 세손의 옷에서도 술 냄새가 난다고 했다. 임금은 유모 계영을 함경도 삼수로 유배시켰다. 신하들은 더 큰 죄로 다스리라고 했으나 팔모(八母)의 정을 고려해 귀양으로 결정했다.[14]

또 사가와 궁궐의 법도와 생활은 다르다. 세종과 소헌왕후는 이 점을 우려했다. 유모는 단순하게 젖을 주는 사람이 아니다. 유아의 인생을 좌우할 선생님이다. 궁궐의 생활을 잘 알고, 기초 교양을 닦은 여인이 적격이다.

적임자는 다름 아닌 후궁이다. 임금과 왕비의 손과 발이 되는 지위가 있는 궁녀는 허드렛일을 하는 하급 궁녀와는 다르게 궁중의 예절과 용어, 글쓰기, 한글과 기초 한문 교육을 받는다. 유교윤리 교육서인 소학과 여성 수신서인 열녀전 규범 내훈 등을 익힌다. 엄격한 수련 과정을 거친 뒤 업무에 배치된다.

13 의소세손(懿昭世孫)은 영조의 손자다. 사도세자와 혜경궁 홍씨의 큰아들로 정조의 형이다. 1750년 출생 직후 할아버지 영조에 의해 세손에 책봉됐으나 불과 세 살 때인 1752년에 숨졌다. 서삼릉 경내의 의령원(懿寧園)에 안장되었다.

14 팔모는 친모(親母)외의 여덟 어머니다. 적모(嫡母), 계모(繼母), 양모(養母), 자모(慈母), 가모(嫁母), 출모(出母), 서모(庶母), 유모(乳母)다. 적모는 아버지의 정실(正室), 계모(繼母)는 아버지의 후처(後妻), 양모(養母)는 양어머니, 자모(慈母)는 친모를 여읜 뒤 길러 준 서모(庶母), 가모(嫁母)는 개가(改嫁)한 어머니, 출모(出母)는 쫓겨난 어머니, 서모(庶母)는 아버지의 첩인 어머니, 유모(乳母)는 젖을 물려 키워준 어머니다.

이 과정을 거친 궁녀는 당연히 총명하다. 또 몸가짐이 바르고 교양미가 넘친다. 임금의 눈에 띄어 성은을 입을 가능성도 높다. 세종과 소헌왕후는 자녀의 유아 교사인 유모로 후궁을 선택했다.

교양미를 갖춘 후궁은 왕실의 상황을 잘 알고, 왕자와 공주를 어떻게 양육해야 하는지 느낌이 있기 때문이다. 또 왕실에서 자신의 소생을 키운 소중한 경험이 있다. 왕실에서 후궁을 능가할 선생님은 없는 셈이다. 단 후궁이 왕비의 권위를 무시하고, 질시하지 않아야 하는 전제조건이 있다.

다행히 소헌왕후는 내명부를 사랑으로 완전히 장악했다. 후궁이 정비를 존경하고 절대적으로 따르는 형국이었다. 소헌왕후는 왕비가 된 후 낳은 자녀를 후궁에게 맡겼다. 영릉 비문에는 다음 구절이 있다.

"낳으신 여러 아들을 모두 후궁으로 하여금 기르게 하시니, 후궁이 또한 마음을 다하여 받들어 길러서 자기 소생보다 낫게 하였다."

후궁이 성을 다해 왕자를 보살펴 자신의 친자녀보다 더 잘 키웠다는 것이다. 이는 소헌왕후의 베풂과 연관이 있다. 왕비는 후궁들에게 일을 위임하여 의심하지 않고 맡겼다, 또 후궁 소생도 모두 친 소생처럼 대했다. 그렇기에 후궁들이 그녀를 부모 대하듯 지성껏 받들고, 공경한 것이다.

대표적인 예가 신빈 김씨다. 그녀는 소헌왕후의 막내인 영응대군의 유모다. 세종은 신빈의 천성이 부드럽고 아름다워 양궁(兩宮)을 섬기는 데 오직 근신한 것으로 평가했다. 중전이 신빈에게 매사를 위임하고 막내아들을 기르게 한 것은 좋은 성품을 믿은 것이라고 했다. 세종은 훗날 영응대군에게 큰 집을 지어주면서 신빈을 모시고 살라고 지시한다. 그만큼 유아교사, 어머니로서 책임을 지워준 것이다.

세종의 자녀들은 교양 넘친 유모, 대궐의 법도를 잘 아는 영특한 선생님으로부터 사랑의 스킨십을 받고 자란 것이다. 천재의 탄생은 바로 사랑의 스킨십에서 비롯된 것이다. 후궁의 왕자 양육은 둘째인 수양대군부터 시작했다. 세종은 큰아들인 세자에게 많은 정성을 쏟았다. 또 셋째인 안평대군이 태어난 뒤 왕으로 등극했다. 소헌왕후는 안평대군을 "복덩이"라며 애지중지했다. 둘째인 두 살 수양대군은 부모의 관심을 받기가 쉽지 않았다. 이때 궁녀였던 열세 살의 어린 신빈 김씨가 칭얼대는 수양대군을 업어 키웠다. 훗날 세조로 즉위한 수양대군은 신빈 김씨를 어머니로 예우했다. 신빈 김씨 소생 왕자인 계양군과 밀성군을 크게 우대하고, 단종복위 운동에 참여한 의창군의 처벌에 대해 눈을 감았다.

TIP 특별한 선생님, 베이비시터의 중요성

외벌이는 힘들다. 맞벌이가 대세다. 이 과정에서 붉어지는 게 영유아 양육이다. 워킹 맘도, 파트타임 전업주부도 베이비시터(Babysitter)를 찾게 된다. 안심하고 맡기고 성실하게 교육까지 시켜주는 베이비시터를 만나면 아이의 인생은 활짝 필 수도 있다. 젊은 엄마의 다섯 가지 복

(福) 중 하나가 '이모(베이비시터)복'이라고 하지 않는가. 베이비시터는 입주형과 출퇴근형으로 나뉜다. 아이의 미래를 생각한다면 어느 경우든 1차 관심을 교육에 두어야 한다. 집안 살림은 다음 순서다. 많은 부모가 이야기하는 바람직한 베이비시터의 조건을 다섯 가지로 정리했다.

하나, 아기와 놀아주기를 좋아한다. 스킨십이 잦으면 정서가 안정된다. 아기를 좋아하면 사랑의 감정이 절로 일고, 스킨십이 많아진다.

둘, 유아교육, 아동학 전공자다. 아이를 키우는 것은 경험과 이론이다. 유아에 대한 공부를 하고 어린이집 등에서 경험까지 쌓는 게 바람직하다, 특히 자녀를 키운 경험이 있으면 금상첨화다.

셋, 쾌활한 성격이다. 조용하고 차분한 스타일보다는 활발하게 말하는 게 더 좋다. 말 못하는 아이에게도 이야기를 많이 들려주는 게 언어와 정서발달에 더 효과적이다. 베이비시터는 아이의 성격 형성에 영향을 미친다.

넷, 바다형이다. 아이는 뛰고 논다. 금세 방안을 어지럽게 한다. 정리정돈 형 베이비시터는 이를 받아들이기 쉽지 않다. 자칫 아이를 통제하기 쉽다. 따라서 바다처럼 모든 것을 포용하는 성격이 좋다.

다섯, 강철 체력이다. 몸이 약하면 금세 지친다. 이는 짜증으로 이어질 수도 있다. 그러나 몸이 튼튼하면 피로와는 거리가 있다. 할머니 보다는 중년 여인이 체력이 좋다.

2

배움의 시작은 때가 있는 법이다

"어릴 때부터 총명하여 학문을 좋아했습니다. 신축년에 왕세자가 되고 성균관에 입학했습니다. 이로부터 학문이 날로 향상 되었습니다." 〈문종 묘지문〉

만 5세 조기입학 붐이 인 적이 있다. 자극이 많은 사회이기에 아이들의 두뇌가 빨리 발달하고 수학능력이 충분히 이루어지는 것이 큰 이유다. 또 한두 해 이르게 공부를 시작하면 기회가 더욱 많아지는 것도 주요한 요인이다. 하지만 지금은 정규 취학 연령인 만 7세 입학이 대세다. 일부에서는 입학을 더욱 늦추려는 경향도 있다. 11월이나 12월생은 1, 2월생에 비해 거의 한 살이 어린 셈이다. 따라서 생일이 빠른 아이들에게 뒤처질 가능성을 염려한다.

세종은 왕세자가 8세(만 7세)가 되자 성균관에 입학시켰다. 그런데 다소 망설인 모습이 보인다. 12월에야 입학식을 거론한 것이다. 임금은 한겨울이 돼서야 "8세에 입학하는 게 고금의 예"라며 "해를 넘기지 말라"고 했다. 세자는 10월 3일 출생했다. 8세이되 7세와 큰 차이가 나지 않았던 것이다. 이에 임금은 8세를 넘기기 직전까지 입학식을 늦춘 것이다.

조선 왕세자의 초등학교 입학 기준 나이는 여덟 살이다. 세종, 문종, 중종, 광해군, 영조, 순조 등이 8세가 된 왕세자를 성균관에 입학시켰다. 이에 비해 성종은 왕세자를 10세에, 현종은 9세에 성균관에 보냈다. 그러나 전반적으로 8세에 입학시켰다. 이 같은 분위기는 현종과 신하들의 대화에서도 확인된다. 예조판서 김수항이 아뢰었다.

"세자가 8세에 입학하는 것은 옛 예이며 이미 행한 제도입니다. 지금 왕세자가 입학에 적당한 나이로 아랫사람들이 모두 간절히 바라고 있습니다."

이에 대해 임금은 "옛 예는 그렇지만 내년 봄에 행하였으면 한다"며 입학 시기를 늦출 뜻을 밝혔다. 그러나 조복양이 반대한다. "8세에 입학하는 것은 삼대(三代) 시대의 성대한 예인데, 어찌 폐할 수 있겠습니까." 임금도 지지 않고 답한다. "내년 봄에 행하더라도 무슨 문제가 있겠는가." 현종은 입학하는 데 1년은 크게 연연할 게 아니라는 것이다.

조복양이 말한 삼대는 중국 고대 국가인 하나라, 은나라, 주나라다. 중국 문명이 개화한 이 시기에 교육 시작 연령을 8세로 본 것이다.

조선 왕세자의 8세 성균관 입학은 세종 때 시작됐다. 세종은 8세의 학교 입학은 예전부터 내려온 예로 표현했다. 숙종 때 유장원이 주자가례의 체제에 준하여 상례 등에 여러 설을 모아 편찬한 '상변통고'의 학교례에는 '왕자 나이 8세가 되면 나아가 외사학에서 배움을'이라는 내용이 나온다. 이는 가능하면 입학례는 8세에 치른다는 생각임을 알 수 있다.

세자를 성균관에 입학시킨 세종은 다른 종친들에게도 8세 교육 시작을 말했다. 경녕군 이하 여덟 살 이상인 사람은 다 취학하라고 지시했다. 또 어린이는 차츰차츰 가르치도록 했다.

세종의 이 같은 조치를 취할 때 조선의 교육체계는 정비되지 않은 상태였다. 나이가 든 종친이 교육을 받지 못한 경우도 있었다. 이에 8세 이상의 종친의 취학을 말했고, 이를 계기로 교육시작 연령은 점차 낮아졌다.

세종의 세 왕자인 수양대군(13세) 안평대군(12세) 임영대군(10세)은 한 날 동시에 종친들의 학교인 종학에 입학했다. 이후 평원대군 등 어린 왕자들은 10세 이하에 종학에 나가기 시작했다.

세종은 왕자들의 첫 책으로 소학을 읽게 했다. 도덕규범 중 기본적이고 필수적인 내용을 가려 뽑은 유학교육 입문서인 소학은 배움의 내용을 강조하는 수신서다. 조선시대 전반에 걸쳐 충효사상을 중심으로 한 유교 윤리관을 널리 일으키는 기본 책이다. 소학은 세종 때부터 적극 장려되어 조선 중기 이후에는 향교, 서원 등 당시의 모든 유학 교육기관에서는 이를 필수 교과목으로 다루었다.

세자는 8세가 끝나기 전인 12월 25일 성균관에서 유복(儒服)을 입고 입학식과 함께 첫 수업을 받았다. 조선의 왕세자 중 첫 성균관 입학이었다. 실록에는 '세자가 당(堂)에 올라 소학제사(小學題辭)를 강(講)하였다'고 나온다. 소학제사는 소학(小學) 책의 머리말이다. 소학을 짓게 된 연유와 어린이가 기본적으로 힘써야 할 원칙 등이 적혀있다. 강(講)은 배운 내용을 웃어른 앞에서 외우는 것이다. 세자는 입학 첫 날 소학의 도입 부분을 배우고, 선생님 앞에서 암송을 했다.

세자는 성균관 입학 후 교육은 동궁에서 한다. 성균관 입학은 공식적으로 공부를 시작한다는 상징성이 있다. 세자는 학교에 공식 입학하면 마음가짐이 다를 수밖에 없다. 문종대왕 묘지문에는 성균관 입학 후 발전하는 모습이 설명돼 있다.

"어릴 때부터 총명하여 학문을 좋아했습니다. 신축년에 왕세자가 되고 성균관에 입학했습니다. 이로부터 학문이 날로 향상 되었습니다."

임금은 세자에게 세심한 교육을 했다. 수시로 세자의 공부 상황을 확인했다. 또 공부 방법도 자세히 설명했다. 매일 낮 공부 때 정인지, 최만리로부터 고금의 유익한 말과 바른 정치 이야기를 듣도록 했다. 또 백성의 일을 듣고, 행동거지도 편안하게 하도록 했다. 세자를 가르치는 학자들에게는 매달 1일, 11일, 21일 등 세 차례와 유학서를 처음 읽는 날에는 회강을 실시하게 했다. 회강은 인조 때는 2일과 16일 두 차례로 축

소됐지만 처음 회강제도를 만든 세종은 한 달에 세 차례를 기본으로 했다. 회강은 세자가 여러 학자 앞에서 배운 것을 설명하는 것이다. 학문의 성취도뿐 아니라 스승 존대, 어른 공경의 생활태도를 아우른 종합평가 의미도 있다.

체계적인 교육을 받은 세자는 학문이 매우 높았다. 고금에 통달하고, 글을 잘 지었다. 특히 초서와 예서에 능했다. 역시 세종처럼 집현전을 자주 찾아 학문 토론을 했다. 아버지 세종의 닮은꼴이었다.

책에 몰두했고, 학자를 가까이 했고, 온화한 인품으로 듣기를 좋아했다. 판단이 신중하여 신하를 함부로 비난하지 않았고, 비난받을 행동을 하지 않았다. 동생들을 잘 챙기는 맏형의 모습도 자상했다. 측우기 발명에 관여할 정도로 과학적 지식도 높았다. 천문 역산, 언어, 시, 서, 예 등 모든 방면에 빼어난 인재였다.

학문을 좋아했던 세자(문종)의 시가 성현의 용재총화에 실려 있다. 세자 시절에 귤을 먹은 뒤 감상을 쟁반에 적은 것이다.

향나무 향기는 코에만 향기롭고
기름진 고기는 입에만 단데
가장 사랑스런 동정호의 귤은
코에 향기롭고 입에도 달구나

학문에 정통한 세자는 대화와 예술에도 능했고 과학에도 일가견이 있었다. 군사부분에도 탁월하여 화차를 설계했고, 진법을 직접 저술했다. 매일처럼 활쏘기 터를 찾아 격려하고 무예에 대한 관심을 불러일으켰다. 준비된 왕은 2년 3개월의 짧은 재위로 끝난다. 그러나 세종의 후반전과 자신의 임기 2년 남짓 동안 큰 업적을 이루었다. 이는 섭정을 통한 실무 책임정치를 익히게 한 세종의 교육 덕분이었다.

TIP 아이 조기 교육이 아닌 엄마 되기 조기 교육이다

주부 칼럼니스트 박선영은 '천천히 교육'을 주장한다. 아이의 조기교육이 아니라 엄마 되기 조기교육의 필요성을 역설한다. 엄마로서의 공부가 되어야 허둥대지 않고, 남에게 이끌려가지 않는 소신 있는 양육이 가능하다는 것이다. 『조물조물 창의력 요리놀이』의 저자인 그녀는 여섯 살 딸을 느리게 키운다. 같이 놀아주면서 창의력을 키우는 데 주안점을 둘 뿐 겉으로는 드러나는 한글이나 영어, 숫자 공부에 연연하지 않는다. 그녀가 쓴 칼럼이다.

필자에게는 여섯 살 난 딸이 있다. 유치원 교육 외엔 따로 한글 공부를 시키지 않은 탓에 아직 책을 혼자 읽지 못한다. 주변에선 "왜 아이를 아직까지 그냥 놀리냐"며 걱정이 많다. "아이는 뛸 준비가 돼 있는데 엄마는 왜 천천히 걸어가려 하느냐." "소낙비를 맞아도 다 흡수할 아이에게 가랑비만 젖게 하느냐." 난 참 고집스럽게 공부를 시키지 않는 이 시대의 별난 엄마다.

아이가 빨리 한글을 떼 읽기 독립을 하면 엄마도 편하다. 그런데 진정한 의미의 독립일까? 혼자 책을 읽는다고 해도 의미를 전부 파악할 수 있는 건 아니다. 글자에 집중하다 보니 그림을 자세히 살피지 않는다. 상상력이 떨어질 수 있다.

엄마의 목소리로 들려주는 그림책 이야기는 입체적이다. 아이는 귀로 소리를 듣는다. 눈으로 그림을 본다. 머리로 이야기 속 주인공이 되어 상상의 나래를 펼친다.

3

때로는 강제적인 수단이 필요하다

"여러 왕자가 종학(宗學)과 궁중에서 배움을 닦고 있다. 그러나 날마다 유희(遊戲)만 일삼고 학문을 등한시한다. 하루에 고작 10여 자(字)만 읽으니 세월만 허비하는 셈이다." 〈세종 18년 5월 7일〉

놀이는 대개 자극적이고, 공부는 조용히 음미하는 특징이 있다. 아이는 자극에 잘 반응한다. 어린이는 책 보다는 더 강한 자극이 있는 놀이에 눈이 간다. 인터넷과 게임에 빠지는 아이가 많은 이유다. 세종은 공부하지 않는 왕자들로 인해 고민했다. 왕실교육기관인 종학을 설치했지만 노력과는 담 쌓은 종친이 많았다. 학교에서 공부하지 않으면 부모는 학원이나 과외를 생각하게 된다. 임금도 과외선생을 염두에 두었다. 18년 5월 7일 신하들에게 과외선생 자문을 구했다.

먼저, 임금은 왕자들의 학습 현주소를 확인했다. 8년 전에 개교한 종학에서 정종과 태종, 세종의 왕자들이 공부를 하고 있다. 또 세종 소생의 어린 자녀도 대궐에서 책을 접했다. 그러나 겉치레만 공부였다. 놀기에 바빠 하루 읽는 게 10여자에 불과했다.

학습의 실효성에 의문을 품은 임금은 왕자는 나이에 상관없이 모두 종학에 입학시킬 생각을 했다. 학교 울타리에 묶어 두면 우선 면학 분위기가 조성될 것으로 여긴 것이다. 이와 함께 유능한 선생님 1, 2명을 전임 교사로 임명해 아침저녁으로 유교 서적과 역사서를 공부시키는 방법을 떠올렸다. 이의 성공을 위해 교사의 엄격한 포상 등 학습 시스템 체계화를 떠올렸다. 임금의 고민에 대해 비서실인 승정원 관료들이 아이디어를 모았다.

승정원은 원인 분석과 대책 보고서를 올렸다. 공부를 하지 않고 게으름을 피우는 원인은 교육 장소 탓도, 왕자의 의지박약 탓도 아닌 것으로 보았다. 오로지 학생의 공부는 스승의 교수법, 현명함의 여부에 달려 있다는 것이다.

대책은 세 가지였다.

하나. 학교에서 공부할 수 있는 나이가 된 광평대군(12세) 이상은 종학에 보낸다. 둘, 나이가 어린 평원대군(10세) 이하는 학교가 아닌 놀이터 개념의 우선당(友善堂)을 교육 장소로 활용한다. 셋, 덕이 많은 학자 4명을 선발, 훈계하고 가르친다.

임금은 승정원의 건의를 받아들였다. 전임교사제를 채택한 것이다. 하지만 종학 제도는 크게 성공하지는 못했다. 왕손은 4대 동안 나라에서 작위를 준다. 대신 과거시험을 볼 수도 없고, 정치를 할 수도 없다. 동기부여가 되지 않은 그들은 먹고 마시는 일에 집착했다. 새로운 사회질서를 세우려는 세종에게는 부담이었다. 왕은 전한시대 종실 자제 교육청의 설치, 후한시대 황태자와 친인척의 교육기관, 당나라와 송나라의 종친자제 교육기관 등의 기초자료를 찾았다. 이를 바탕으로 10년에 종친 교육기관인 종학을 설치했다. 종학의 목적은 깊은 학문연구보다는 예의를 닦는 데 있었다. 국조보감에는 '세종 11년에 종학을 세우고 문행(文行)과 학덕(學德)이 높은 사람을 박사로 삼아 종친을 가르쳤다. 이로써 예도가 서고 질서가 바로 잡혔다'고 적고 있다. 종학을 통해 왕족들의 인성교육이 어느 정도 효과를 보았음을 알 수 있다.

종학에는 우수한 학자를 교수로 배치했다. 처음 종3품, 종4품, 종5품, 종6품 각 1인씩 4명이었던 교수진은 학생의 증가와 함께 10명으로 늘었다. 박사로 불린 교수는 모두 성균관원이 겸임했다. 교과목은 성균관처럼 경술, 문예, 소학 등이었다. 입학의식도 경건했다. 왕족이 유교국가로서 모범을 보일 수 있게 치러졌다. 세종 12년 1월 6일 실록에 입학의식이 설명돼 있다.

종친은 학생복을 입고 종학 문 밖에 이른다. 비단(또는 모시) 한 필, 술 한 병, 육포를 한 상에 차린다. 안내자가 종친을 문 동쪽에 서향하게 하고, 비단 광주리와 술병, 육포 상을 종친의 서남쪽에 진설한다. 공복

(公服)을 입은 교수에게 종친이 '아무가 지금 선생님에게 수업하고자 하여 뵙기를 청 하나이다'를 외친다. 사람이 이 말을 전하면, 교수는 '아무는 덕이 없사오니 종친은 욕되게 하지 마시기를 청 하나이다'라고 답한다. 사람이 이 말을 종친에게 고하면, 종친은 굳이 청한다. 교수는 '아무가 덕이 없으니, 종친께서 자리에 나아가려면 아무가 감히 뵈옵겠습니다'라고 말한다.

사람이 이 말을 전하면 종친은 '아무는 감히 빈객(賓客)을 대할 수 없사오니 마침내 뵈옵도록 허락하여 주십시오'라고 재청한다. 사람이 이 뜻을 고하면, 교관은 '아무가 사양하여도 듣지 아니하시니 감히 따르지 않을 수 있겠습니까?'라고 응답한다. 사람이 이 말을 고한다.

종친이 꿇어앉아 재배한다. 교관도 답하여 재배한다. 종친이 사람을 시켜 폐백, 술병과 육포 등을 교수에게 바친다. 종친이 두 번 절하고 나간다. 교수들은 영접, 전송하며 절하고 읍(揖)한다. 예(禮)를 마치면 각각 재(齋)에 나아가 수업한다. 교수들과 종친은 모두 평등한 차림이다. 관복(冠服)은 벼슬이 있으면 품복(品服)을 입고, 벼슬이 없으면 학생복을 입는다.

의식을 경건히 하고 교수진이 석학으로 구성됐지만 학생들의 열의는 미약했다. 학문을 좋아하지 않는 한 열심히 해야 할 필요성을 느끼지 못한 탓이다. 이에 종학의 규율을 강화하는 법이 세종 12년에 마련됐다.

1. 종친은 날마다 해가 뜨면 학교에 도착하고, 해가 질 무렵에 집으로 돌아간다. 출석 여부는 10일마다 한 차례씩 위에 아뢰게 할 것.

1. 공부하라고 치는 북소리가 울리면 각기 읽은 바의 글을 돌려가며 청강(聽講)하게 할 것.
1. 각 재(齋)의 종친은 행례(行禮)와 청강(聽講)과 문의(問疑)를 제외하고는 각기 본재(本齋)에서 차서대로 단정히 앉아서 학업을 익히고 떠들면서 드나들지 말 것.
1. 날마다 글을 배울 때에는 반드시 외우게 되기까지 전에 수업한 것을 명백히 이해한 뒤에 다시 아래 글을 수업하게 할 것. 또 그 읽기를 마치고 나면 또한 이와 같이 할 것.
1. 그 읽는 글에 따라서 날마다 치부(置簿)하되, 그 통하고 통하지 못한 것을 기록하여 10일마다 한 번씩 위에 아뢰게 할 것.
1. 날마다 앞서 다섯 번 배운 것을 이어 통독(通讀)하고, 제비를 뽑아서 읽는 것을 고사(考査)하여, 그 능하고 능하지 못한 것을 기록하여 월말에 가서 위에 아뢸 것.
1. 날마다 글 읽는 여가에 글씨 쓰는 것을 겸하여 익히게 할 것.
1. 종친은 모름지기 교수와 종부시의 결의한 바를 듣고서야 재(齋)에서 나가는 것을 허가하되, 어떤 사고를 핑계하여 거짓으로 고하지 못하게 할 것.
1. 종친들 중에서 유사(有司)를 선정하여 엄하게 규찰하게 하여, 만일에 허물이 있으면 즉시 교수와 종부시에 고하게 할 것.
1. 종친이 아무 이유 없이 배우지 않거나, 혹은 예의에 어긋나는 일이 있으면, 그 과실을 기록하여 때때로 위에 아뢸 것.
1. 입학 중에는 하인을 1인에 지나지 못하게 하되, 3품(品) 이하의 종친은 하인을 데리고 들어가지 못하게 할 것.

1. 종친은 하인을 문 밖에서 떠들거나 희롱질하지 못하게 하고, 이를 범한 자는 죄로 다스릴 것.
1. 외인(外人)은 함부로 출입하지 못하게 하되, 만약 범하는 자가 있으면 관직이 있는 사람은 그의 노자(奴子)를 가두고, 관직이 없는 사람과 평민은 본인을 가두게 할 것.

이 같은 장치에도 불구하고 종친들의 통제가 쉽지는 않았다. 태종의 큰아들인 경녕군 부터 종친들이 종학에 속속 입학했으나 적응하지 못한 사례도 속출했다. 혜령군은 신분의 상징인 직첩, 하인, 농토를 모두 빼앗기는 벌을 받았다. 왕족을 규율하기 위한 일벌백계 차원이었다. 세종은 왕족으로서의 품위를 잃은 왕자는 가차 없이 직첩을 회수했다. 그러나 직첩이 없어도 공부는 계속하도록 했다. 휴일은 매월 8일, 15일, 23일로 정했다. 규율을 다섯 번 어기거나 강독(講讀)에 세 번 응하지 않으면 종친의 직첩과 서적을 몰수했다.

현실도 인정했다. 기본소양 책이라고 할 수 있는 사서이경, 소미통감을 잘 공부하면 방학시켜 주었다. 또 일정 책을 읽은 뒤 교수가 각 권마다 다섯 곳을 외우게 하여 통과하면 방학을 허락했다. 소학, 사서, 자치통감에 능해도 혜택을 주었다.

4

공부가 중요하듯 운동과 생각의 시간도 중요하다

"세자가 하루에 네 차례씩 서연에 나가 강론하는 것은 바람직하지 않다."〈세종 20년 11월 23일〉

세종은 왕세자가 지나치게 공부하는 것을 바라지 않았다. 하루 종일 책에만 매달리는 것을 원하지 않았다. 시간원에서 왕세자에 대한 강한 교육을 건의 했을 때 손을 내저었다. 책만 보는 게 아니라 운동도 하고 생각도 해야 한다는 이유였다. 조선 유학자에게 군주는 지엄한 절대 권력자인 동시에 '교육의 대상'이었다. 사람은 부족한 미완성 존재다. 하늘의 명을 받아 백성을 다스리는 임금도 마찬가지다. 그러나 그 어느 누구보다도 완벽에 가까워야 한다. 성숙한 인간인 성인(聖人)이나 군자(君子)가 이상형이다. 세습직이며 종신직인 국왕은 나라의 운명과 직결되는 존재이기 때문이다. 성인이나 군자에 이르는 길은 교육밖에 없다.

그래서 조선의 왕은 평생토록 신하를 스승으로 삼아 교육을 받아야 했다.

왕의 수업은 원자 시절부터 진행됐다. 원자가 네 살 무렵에 교육기관인 강학청이 설치된다. 글을 배우면 바로 소학, 천자문 등의 기초 유학을 배운다. 아침, 낮, 저녁 때 각각 세 차례 공부를 했다. 원자에서 세자로 책봉되면 세자시강원에서 교육을 담당한다. 글의 수준도 소학에서 효경, 논어, 맹자, 중용, 대학, 대학연의 등으로 높아진다.

세자의 일과는 빼곡해 개인 시간이 거의 없다. 아침에 일어나면 왕과 왕비에게 문안인사를 한 후 식사를 한다. 이어 아침 공부를 한 뒤 점심때는 낮 공부를 한다. 저녁에도 다시 한 차례 스승들을 만나 배움을 얻는다. 저녁식사를 한 뒤 잠시 휴식을 취한 뒤 왕과 왕비에게 다시 인사를 한다. 하루 종일 공부하면서 틈틈이 활쏘기, 글쓰기, 수학 등을 연마한다.

이처럼 버거운 일정을 소화하는 세자를 향해 신하들은 공부 회초리를 더 들 것을 주장했다. 사간원에서 20년 11월 23일 상소를 했다. '덕이 많은 세자의 학문이 날로 높아지고, 예의로 사람을 대한다'고 높인 뒤 한 마디 추가를 했다. 하루 네 차례 공부를 하라는 것이다. 왕과 왕비에게 문안드리고, 임금의 수라를 살피는 일 외에는 항상 학자들과 함께 학습하라는 요청이었다.

이에 대해 임금은 부모와의 소통, 체력 단련, 우애 다지기 등의 다양한 공부가 있어 책 보는 시간을 늘릴 수 없다는 입장을 보였다. 임금의 육성을 들어본다.

"아버지와 아들 사이는 친근해야 한다. 양녕대군이 세자 시절에 몇 차례 실수로 태종을 알현하지 못하게 됐다. 얼굴을 보지 않는 아버지와 아들은 서로 멀어지고, 소통이 되지 않았다. 이를 거울삼아 나는 매일 세자와 세 차례씩 식사를 한다. 식사 후에는 세자에게 동생들 앞에서 배운 것을 강의하게 한다. 나도 수양대군에게 공부를 가르쳐 준다. 이 같은 것도 좋은 공부다. 또 해가 기울면 세자는 대군 등과 더불어 후원에서 활도 쏜다. 이렇게 활동하는 상황이기에 하루 네 차례나 공부방에 나가는 것은 바람직하지 않다."

임금은 공부를 책읽기만으로 보지 않았다. 여러 활동을 모두 인격도야의 좋은 방법으로 생각했다. 다양한 활동을 하지 못할 정도의 지나친 독서에는 선을 그은 것이다. 인격도야는 독서와 비독서의 조화가 효율적으로 이어질 때 더욱 효과적임을 생각한 것이다.

TIP 어린이 헌장

1. 어린이는 인간으로서 존중하여야 하며, 사회의 한사람으로서 올바르게 키워야 한다.
2. 어린이는 튼튼하게 낳아 가정과 사회에서 참된 애정으로 교육하여야 한다.
3. 어린이에게는 마음껏 놀고 공부할 수 있는 시설과 환경을 마련해 주어야 한다.
4. 어린이는 공부나 일이 몸과 마음에 짐이 되지 않아야 한다.

5. 어린이는 위험할 때 맨 먼저 구출되어야 한다.
6. 어린이는 어떠한 경우에라도 악용의 대상이 되어서는 아니 된다.
7. 굶주린 어린이는 먹어야 한다. 병든 어린이는 치료해 주어야 하고, 신체와 정신에 결함이 있는 어린이는 도와주어야 한다. 불량아는 교화하여야 하고 고아와 부랑아는 구호하여야 한다.
8. 어린이는 자연과 예술을 사랑하고, 과학을 탐구하며, 도의를 존중하도록 이끌어야 한다.
9. 어린이는 좋은 국민으로서 인류의 자유와 문화발전에 공헌할 수 있도록 키워야 한다.

5

최고의 선생님은 부모다

"세자가 스무 살이 되었다. 천성이 글 배우기를 좋아해 하루에 세 번씩 강학(講學)을 한다. 나에게 문안 와서는 주역을 배운다." 〈세종 14년 10월 25일〉

왕의 업무는 '만기(萬機)'로 표현된다. 임금이 살펴야 하는 정무가 하루에 만 가지에 이를 정도로 많다는 의미다. 왕이 정사를 행하는 데 곁에 두고 참고하기 위해 쓴 조선 후기의 책 이름도 만기요람(萬機要覽)이다. 과중한 업무에 시달린 왕이 자녀교육에 신경 쓸 겨를은 거의 없다. 하지만 세종은 아들의 공부 과정을 확인하고, 직접 가르쳤다.

임금은 자투리 시간을 활용했다. 왕자들이 문안을 할 때와 식사시간에 짬을 내 개인 지도를 했다. 하지만 자투리 시간도 넉넉지는 않았다. '효의 나라'를 추구한 조선의 왕실에서는 윗 어른을 수시로 뵙는 게 큰 덕목이다. 참찬사 권근은 태종이 즉위하자 '나라를 다스리는 6조목'을 올린다.

첫째 항목이 왕실어른에 대한 문안인사다. 주나라 문왕이 하루에 세 차례 문안을 했다는 사례를 들며, 최소한 하루에 한 번은 지켜야 한다는 주장이다. 당시 태종이 문안할 왕실 어른은 태상왕인 태조, 상왕인 정종과 정종의 왕비인 정안왕후였다. 세종은 정종과 정안왕후, 태종과 원경왕후에게 문안인사를 해야 했다.

인사는 예의다. 세수와 양치로 몸을 깨끗하게 한 왕은 곤룡포를 입고 면류관을 쓴 뒤 어른을 찾아뵙는다. 어른에 대한 문안이 끝나면 왕자들로부터 아침 인사를 받는다. 왕자 중에서도 세자의 문안인사는 절대적이었다. 세자는 밤새 임금의 안위를 살피고, 왕의 수라상을 손수 살피는 시선(視膳)을 했다. 왕자의 문안을 받은 임금은 편전에서 조정 대신의 아침 인사를 받았다.

이를 위해 임금은 새벽 4시 무렵인 사고(四鼓)에 일어나 평명(平明: 해 돋을 무렵)에 조회를 받았다. 세종의 신도비에 의하면 새벽에도 책을 보았다. 현대 시간으로 재구성하면 4시 무렵에 기침한 세종은 몸을 정갈히 한 뒤 독서를 했다. 6시쯤에 조회를 하고 학자들과 한 시간 가량 아침 공부를 했다. 7시부터는 윗전에 문안을 하고, 왕자의 인사를 받았다. 또 아침 식사를 했다. 문안과 아침식사 2시간이 임금과 왕자가 소통하는 친밀한 시간이다. 임금의 낮 시간은 빼곡하다. 그러나 저녁에는 다시 2시간 정도의 문안과 식사 시간이 있다. 임금은 하루에 주어진 두 차례의 아침과 저녁의 문안과 식사 4시간을 쪼개서 아들의 공부를 봐 준 것이다.

임금과 왕자는 같은 궁에 머물 때도 있고, 다른 궁에서 살 때도 있다. 같은 궁에 살 때는 특별한 일이 없는 한 매일 문안이 이뤄진다. 그러나 다른 궁에 머물 때는 며칠에 한 번씩 문안하는 것이 받아들여졌다. 세종이 연희궁에 머물 때 세자는 4~6일에 한 번씩 문안을 했다.

세종은 세자에게 주역을 가르쳤다. 이를 14년 10월 25일 기사에서 확인할 수 있다.

"스무 살이 된 세자는 천성이 글을 좋아하고 예의를 갖췄다. 하루에 세 차례씩 빠지지 않고 배움을 닦았다."

세종은 이 같은 아들에게 활쏘기와 말 타기도 배우도록 한다. 강한 체력과 높은 기상을 키우라는 의미다. 이때 임금은 문안 온 세자에게 주역(周易)을 직접 가르쳐 주기도 했다. 주역은 유교 경전 중 하나로 끊임없이 변화하는 자연현상과 우주철학의 원리를 설명하고 풀이한 책이다.

세종은 왕자들에게 대학연의를 모두 읽도록 했다. 예종 때의 경연관 임원준은 "세종께서는 나라의 율령이 되는 대학연의를 늘 보고 외우셨으며 왕자들에게도 모두 읽히셨습니다"라고 보고했다. 송나라 진덕수가 지은 대학연의는 군주의 수신제가를 역설한 제왕학 교과서다. 태조가 전투 중에도 읽었고, 하륜이 태종에게 올렸고, 세종이 1백여 번을 독파한 책이다.

임금은 20년 11월 23일 경연 때도 아들을 직접 가르치는 것을 말한다.

"나는 날마다 세자와 더불어 세 차례씩 같이 식사한다. 밥을 먹은 뒤에는 세자가 동생들에게 옛 교훈에 대해 말하게 한다. 나도 또한 수양대군에게 공부를 가르쳐 준다."

아버지에게 배운 세자는 동생들에게 공부를 가르쳤다. 수양대군도 배움을 동생들에게 전했다. 금성대군에게는 아버지 세종으로부터 배운 주역을 가르쳤다. 아버지 세종은 큰아들과 둘째아들을 손수 교육했고, 아들들은 동생들을 공부시키는 내리공부를 실현한 것이다. 일종의 가학이었다.

세종은 바쁘다는 핑계를 대지 않았다. 밥상머리 교육과 스킨십에 의한 소통을 실천했다. 높은 수준의 학문을 직접 아들들에게 전수했다. 세자와 수양대군의 효성이 지극했던 것은 아버지가 항상 옆에서 챙긴 결과다. 세종은 아빠가 가장 훌륭한 스승임을 알았던 것이다. 살가운 관계, 구체적인 학습 지도, 권위를 잃지 않는 절도로 아버지를 존경하고 따르게 했다.

TIP 세종의 하루

05 : 00 ~ 05 : 30 : 기상

05 : 30 ~ 06 : 00 : 조회

06 : 00 ~ 07 : 00 : 아침 공부

07 : 00 ~ 08 : 00 : 아침 식사

08 : 00 ~ 09 : 00 : 아침 문안인사

09 : 00 ~ 11 : 30 : 조계 윤대(실무 관료들과의 회의)

11 : 30 ~ 12 : 00 : 간단한 점심식사

12 : 00 ~ 01 : 00 : 국가 경영회의

01 : 00 ~ 03 : 00 : 경연(낮 공부)

03 : 00 ~ 05 : 00 : 상소문 검토

05 : 00 ~ 06 : 00 : 숙직관료 명단확인

06 : 00 ~ 07 : 00 : 저녁 공부

07 : 00 ~ 08 : 00 : 저녁 식사

08 : 00 ~ 09 : 00 : 저녁 문안인사

09 : 00 ~ 10 : 00 : 야간 공부

10 : 00 ~ 12 : 00 : 구언 외 기타

〈출처:KBS역사스페셜팀〉

6
스토리텔링 교육

"계모가 민손을 미워하여 갈꽃 넣은 옷을 만들어 줬고, 자기소생의 아들들에게는 솜옷을 입혔다. 민손이 추워서 말고삐를 놓쳤다."〈삼강행실효자도 민손단의〉

세종은 효과적인 교육을 '좋은 이야기 듣기'로 생각했다. 13년 1월 30일 경연에서 황보인 등에게 말했다.

"세자를 교양하는 길은 반드시 바른 사람이 가까이하게 하고, 좋은 이야기를 들려주는 것이다. 초(楚)나라에서 자라면 초나라 말을 하는 이치와 같다."

귀감이 되는 내용을 살갑게 이야기하는 것이다. 이는 사실에 바탕을 둔 스토리텔링으로 풀이할 수 있다. 단순한 사실 전달이 아닌 실감나는 이야기로 구성하라는 의미다.

세종은 백성 교화 차원에서 삼강행실도(三綱行實圖)를 편찬했다. 유교윤리의 확산을 위한 조치다. 이 작업에 세자, 수양대군, 안평대군을 참여시켰다. 직접적으로 백성 교육을 하는 것이지만 아들들에게 전하는 메시지도 있다.

세종이 이 책을 엮을 때는 훈민정음이 반포되기 전이다. 책은 성종 때 다시 편집되면서 상단에 한글 설명글이 추가됐다. 3강(三綱)은 임금과 신하 사이의 도리인 군위신강(君爲臣綱), 부모와 자식 사이의 예의인 부위자강(父爲子綱), 부부 사이에 지켜야 할 부위부강(夫爲婦綱)이다. 삼감행실도 효자 편의 첫 내용은 '민손이 홑옷을 입다'는 뜻의 '민손단의(閔損單衣)'다. 민손은 노나라 사람으로 공자의 10제자 중 한 명이다. 공자가 '덕행에는 안연이요, 효행에는 민자건(민손)'이라고 한 믿는 제자다.

민손은 어머니를 어려서 잃었다. 아버지는 새 어머니를 얻었다. 새어머니는 2명의 아들을 낳았다. 겨울 어느 날 민손은 어버지를 모시고 큰아버지 댁에 가는 길에 추위에 말고삐를 놓쳤다. 민손의 아버지는 아들이 추위에 떠는 것을 알았다. 아들의 옷은 얇은 모시였고, 후처의 아이들은 두꺼운 솜옷이었다. 아버지는 "내가 혼인한 것은 아들을 잘 키우려는 것이다. 나를 속인 당신은 더 이상 필요없다"고 말했다. 이때 민손이 애원했다. "어머님이 계시면 한 아들이 춥지만, 그렇지 않으면 세 아들이 떨게 됩니다." 아버지는 이 말을 옳게 여겨 후처를 내쫓지 않았다.

민손의 이야기가 '효의 교과서' 삼강행실도 첫 머리에 소개된 이유는 무엇일까? 여기에는 당시인이 추구하는 효의 정의, 용서와 화해, 사회보장 제도가 담겨 있다.

먼저, 효에 대한 정의다. 효는 부모의 마음을 편안하게 해주는 것으로 보았다. 맛있는 음식, 많은 돈이 있어도 마음이 아프게 하면 진정한 효라고 할 수 없다. 민손은 새 어머니가 나갔을 경우의 아버지 마음을 헤아렸다. 어머니가 없는 세 아들을 보는 아버지의 마음은 지극히 아플 것이다. 이를 민손은 생각했다.

둘째, 용서와 화해다. 사람의 양심에 비추어 보면 죄를 지은 사람은 벌을 받아야 한다. 새 어머니의 징계는 당연하다. 하지만 잘못을 콕콕 들추어내기 보다는 가족의 울타리 안에서 용서하고 화해했다. 선행으로 악행을 잠재우게 하고, 더 큰 사랑으로의 승화를 꾀한 것이다.

셋째, 실질적인 사회보장 제도를 인정한 것이다. 아이는 지역사회나 친족이 보살필 수도 있다. 그러나 이는 극히 한정적이다. 지금도 갈 곳이 없는 어린이를 사회가 책임지는 데 한계가 있다. 당시에는 더욱 그랬다. 가족이 책임져야 하는 구조다. 따라서 문제가 있으면 가족 내에서 풀어야 하는 현실이다. 당시의 사람들은 안정된 가정, 사랑이 움트는 가정을 행복한 사람, 건강한 사회의 첫걸음으로 본 것이다.

세종은 세 아들에게 삼강행실도 편찬에 참여토록 하면서 세 가지를 염두에 둔 셈이다. 나라를 다스려야 할 왕자의 신분, 형제의 관계, 아버지와 자식의 관계 등을 생각하게 한 것이다. 이 중에 세종이 첫째로 여긴 것은 부모 마음을 편안하게 하는 것이다. 하지만 왕자들은 훗날 왕권을 놓고 부모 마음을 편안하게 해주지 못했다. 어쩌면 세종은 똑똑한 왕자들의 권력다툼을 예상했을 수도 있다. 그래서 효도편의 첫 장에 부모 마음을 편안하게 할 것을 담은 민손단의를 도입했을 가능성이 있다.

부록

세종의 자녀들

세종의 왕자들

세종의 가족

부인 : 6명, 자녀 : 18남 4녀

부인	2부인	3부인	4부인	5부인	6부인
소헌왕후 심씨	영빈 강씨	신빈 김씨	혜빈 양씨	숙원 이씨	상침 송씨
8남2녀	1남	6남2녀	3남	1녀	1녀
문종(1414) 세조(1417) 안평대군(1418) 임영대군(1419) 광평대군(1425) 금성대군(1426) 평원대군(1427) 영응대군(1434) 정소공주(1412) 정의공주(1415)	화의군(1425)	계양군(1427) 의창군(1428) 밀성군(1430) 익현군(1431) 영해군(1435) 담양군(1439) 옹주 2명 조졸	한남군 (1429) 수춘군 (1431) 영풍군 (1434)	정안옹주(1438)	정현옹주(1424)

리틀 세종, 문종

문종(1414~1452년)은 조선의 제5대 왕이다. 세종의 맏아들이고 어머니는 소헌왕후 심씨다. 현덕왕후 권씨와의 사이에 단종을 두었다. 첫 배우자인 김오문의 딸, 두 번째 왕비인 봉여의 딸은 자질부족으로 폐출됐다. 현덕왕후는 후궁으로 들어왔다가 세자빈으로 승격되었다. 약 30년간 세자로 있으면서 아버지를 보필했다. 세종의 집권 후기 성정은 문종의 역할이 크다. 세종 승하 6년 전부터는 국사를 대신해 처리했다. 2년 4개월의 짧은 재위였지만 동국병감, 고려사, 고려사절요 등의 편찬과 군사제도를 정비했다. 문종실록 총서에는 다음처럼 임금을 묘사했다.

'성품이 대단히 어질고, 명확하고 현명하였다. 강하고 의연하며, 말수가 적고 조용했다. 효도와 우애가 지극하고, 공경과 검소했다. 소리와 여인, 놀이를 좋아하지 않고 학문에만 전심했다. 또 옛 역사서를 통해 나라를 다스리는 기틀을 강구했다. 글쓰기, 말타기, 활쏘기, 음악, 수학, 예절, 천문, 역상(曆象), 음운(音韻)에 이르기까지 통달했다. 세종이 훙(薨)하시니, 왕세자가 여러 왕자와 더불어 머리를 풀고 버선을 벗고 예를 다했다.'〈장-사릉 봉향회장 이재천〉

카리스마의 화신, 세조

세조(1417~1468년)는 조선의 제7대 왕이다. 어머니는 소헌왕후이고, 문종의 동생이다. 단종 1년에 계유정난을 일으켜 김종서 등 정적을 제거하고 정권을 잡았다. 어릴 때 궁 밖에서 자랐다. 모든 어려움과 사실과 거짓을 자세히 일찍부터 겪어 알고 있었다. 도량이 커 다섯 살에 효경(孝經)을 외웠다. 사람들과 궁마(弓馬)에 관한 이야기를 즐겼으며, 항상 활과 화살을 몸에 지니고 다녔다. 매 날리는 것을 좋아하여 한 마리의 매만 얻어도 손에서 놓지 아니하였다. 타고난 자질이 공검(恭儉)하고 예절이 있었다. 또 충성스럽고 효도하고 우애가 돈독하였다. 인(仁)을 좋아하고 의(義)에 힘썼다. 소인(小人)을 멀리 하면서도 미워하지 아니하였으며, 군자(君子)를 가까이 하면서도 편사(偏私)하지 않았다. 문학(文學)과 활쏘기와 말타기가 고금에 뛰어났다. 역학, 수학, 음악, 의학, 점술, 기예(技藝)에 이르기까지 모두 그 묘(妙)를 다하였다. 그러나 항상 스스로 이를 숨기고 남의 위에 오르려고 하지 않았다. 세종이 이를 기특히 여기고 사랑하여 대우를 여러 아들과는 달리하였다. 무릇 군국의 대사(軍國大事)에는 반드시 참여하여 결정토록 하였다.〈세조실록 총서〉

문학천재, 안평대군

안평대군(1418~1453년)은 세종의 셋째 아들이다. 문종과 세조의 친동생으로 어머니는 소헌왕후다. 시서화에 가야금까지 능해 삼절로 통했다. 특히 글씨에 뛰어나 당대 최고의 명필로 꼽혔다. 안평대군 작품은 명나라 사신이 청할 정도로 인기였고, 조선 초에는 그의 서체가 큰 유행이 되었다. 대표작으로는 몽유도원도 발문이 있다. 어려서부터 학문을 좋아한 그는 식견과 도량이 넓어 따르는 이가 많았다. 세종이 학문에 정진하기를 바라는 마음에서 비해당(匪懈堂)의 당호를 내렸다. 도성 밖의 무이정사와 남호의 담담정에 수많은 책을 보관하며 많은 문인을 초청하여 시회(詩會)를 자주 베풀었다. 세종의 북방 개척 때 회령 경재소를 맡았다. 나라의 문필에서도 큰 역할을 했다. 치평요람 편찬을 수양대군과 함께 감독했고, 운회 번역은 문종과 관장했다. 의방유취도 감수했다. 친형 수양대군과의 정국을 보는 시각이 달라 계유정난으로 귀양을 간 뒤 사사 당했다.〈영릉봉향회 총무이사 이규용〉

청빈한 선비, 임영대군

임영대군(1420~1469년)은 세종의 제4남이며 모친은 소헌왕후 심씨다. 대군은 성품이 조용하고 인자하며 부귀를 탐하지 않았다. 학문을 닦는 데 힘써 시 서 경과 사와 병서를 공부하였다. 또한 사물제작의 정교한 솜씨는 세상 사람들로부터 경탄을 받았다. 재능을 안 세종은 화포제작의 감독을 명하였다. 대군이 제작한 화살은 종전에 2백~3백보 나가던 것이 일천여 보 안팎까지 증진됐다. 군사기기의 성능을 개량하기도 하여 대군은 '병기와 군사에 관한 지보(至寶)'라고 불렸다. 대군은 평생을 정의 성실 청렴 검약으로 일관하였으며, 부귀와 사치를 멀리 하였다. 세종의 왕자 중 가장 청빈하게 생활하였다. 또한 의기는 활발하고 의론에 뛰어나 사람들을 항상 감동시켰다. 무예에도 능하여 어전 시궁시 강궁으로 명중시키는 데 남달리 뛰어나 부왕과 문무백관의 예찬도 받았다. 20세 전후에는 기녀 금강매를 첩으로 두었는데 부왕의 경계하라는 말씀을 들은 뒤로 다시 그런 일이 없었다.

자손들에게 두 가지 유훈을 남겼다. 첫째, 왕자와 왕손 간에 분쟁을 일으키지 말라. 둘째, 백성에게 해를 끼치지 말라. 임종에 즈음하여 자손들을 불러 모으고 종이와 붓을 가져오게 하여 친히 '사후에 조가(朝家)의 예장을 받지 말고 신도비를 세우지 말라'고 썼다. 이어 '나는 본디 안평 형님과 금성 아우와 더불어 함께 절의에 죽고자 하였다.' 하고 붓을 놓고서 숨을 거두었다. 조정에서는 그의 유지를 참작하여 간단하게 장례를 치르고 신도비는 세우지 않았다. 후세에 묘비만을 세우고 행장은 강희맹이 지어 석함(石函)에 담아 상석(床石) 밑에 묻었다. 〈임영대군 파종회장 이종남〉

살아있는 역사, 광평대군

광평대군(1425~1444년)은 세종과 소헌왕후의 제5남이다. 평산 신씨 증 좌의정 자수의 딸을 부인으로 맞아 영순군을 두었다. 영순군은 남천군, 청안군, 회원군을 두었다. 광평대군파는 현 종손 규명(揆明)에 이르기까지 19대를 내려오면서 무안대군(방번)을 봉사하고 있다. 또한 선원(璿源)과 명조(名祖)의 명예를 받들어 긍지를 갖고 가문의 사행(事行:행실 거동 법도)인 '효우(孝友)'를 지켜오고 있다. 항상 두려워하고 삼가는 마음으로 대의를 쫓아 사행을 대대로 지켜옴으로써, 부모는 평안하고 자손은 영화를 누렸다. 임금을 섬기되 충성을 다하고 백성을 다스리는 데 있어서는 공정하게 은혜를 베풀었다. 또한 효우를 실행하는 가운데 문학에 빛나고 공업이 쌓임으로써 일문이 화목하고 종당(宗黨)이 번성하여 명성이 온 나라에 떨치게 되었다. 광평대군의 아들 영순군의 묘소를 광주군 이을언리 수토산 현 서울 강남구 수서동 광수산(光秀山)에 모셨다. 그 산 아래 영순군의 아들 3형제의 집을 지어 3궁(三宮)이라 일컬었다. 이때부터 이 마을을 '궁말'이라 불렀다.

또한 광평대군 묘역인 서울 강남구 수서동 산10번지 약 13만평 일원이 서울특별시 지방문화재 제48호로 지정되었다. 이는 한 지역내에 700여 기(基)나 되는 왕손의 묘소가 국장에 준하는 예우로 예장되어 있고, 그 묘역이 오랜 세월을 내려오면서도 원형 그대로 잘 보존되어 있으며 대를 이어 예장되어 있는 묘소에 묘비 · 신도비 등 석조물이 잘 보존된 것이 조선시대의 묘제도를 연구하는 데 귀중한 자료로 평가되고 있다. 특히 각 묘소의 위치를 알 수 있도록 기록한 세장비(世葬碑)는 '참으로 귀중한 문화재'라고 문화재 지정문에서 밝히고 있다.

서울특별시는 1981년 2월 5일 광평대군 묘역 일원(강남구 수서동 산10번지) 125,237평을 지방유형문화재 제48호로 지정하며 문화재적 가치를 높게 평가했다.

첫째, 도시화된 현대 사회에서 광평대군 후손 묘가 한 지역에 7백여 기나 예장되었다. 특히 오랜 세월 동안 원형대로 잘 보존되어 장관을 이루고 있다. 둘째, 동일 묘역 내에 대(代)를 달리하여 예장되고 또 이를 뒷받침해 주는 묘비와 신도비 등의 석조물들이 잘 보존됐다. 이 같은 예는 드문 것으로 조선시대의 묘제도를 알 수 있는 귀중한 자료다. 셋째, 광평대군 묘와 동영부인 묘 앞에 축조된 기단석의 양식과 장명등 옥개석의 물매가 급한 것은 특이한 점이다. 넷째, 각 기에 부설된 문인석은

복식사 연구에, 상석 문인석 망주석 향로석 등은 묘 석조물 연구의 중요한 자료다. 다섯째, 김제군부인 묘(광평대군의 자부)에 있는 부실 석조물의 배치가 측면인 것은 서측에 시부묘가 자리 잡은 까닭이다. 이 또한 묘 제도의 연구에 귀중한 자료다. 여섯째, 특히 각 묘소의 위치를 알 수 있도록 기록한 세장비가 잘 보존되어 있다. 〈광평대군 파종회〉

절개 높은 장부, 금성대군

금성대군(1426~1433년)은 세종의 제6남으로 어머니는 소헌왕후다. 1436년(세종 18년)에 성균관에서 학문을 닦아 당대 문장가로서 명성이 높았다. 또한 천성이 강직하여 세조가 어린 단종을 물리치고 즉위함에 항거했다. 단종을 복위시키고자 노력하다가 1455년(세조 1년) 광주(光州)에 가서 살게 되고 노비와 가산을 몰수당하였다. 1457년(세조 3년) 2월에는 순흥으로 거처를 옮겼다. 여러 차례 영의정 정인지와 좌찬성 신숙주의 상소로 1457년 10월에 사사(賜死)되었다. 그 후 1528년(중종 23년 금성대군으로 회복되고 1739년(영조 15)에 '정민(貞愍)'이란 시호를 받았다. 1790년(정조 14년)에 예장으로 개장되었다.

후 대군의 차증손 홍양정이 "금성대군이 억울하게 돌아가심은 옛 임금을 위함이요, 다른 뜻은 없음이라"라며 대궐 문밖에 거적을 깔고 자리를 만들어 부르짖기를 석달 동안 하였다.

대신들이 중종대왕에게 아뢰기를 "금성대군이 비록 죄가 있다 하오나 옛 임금을 위하여 하게 된 것이요, 다른 뜻은 없었습니다. 세조께서도 사육신이 당세에는 역적이었으나 후세에는 충신이라 하셨습니다. 금성대군도 일체 무관(無關)이라, 금성대군의 관작을 회복시키지 못하고 자손들이 금고(禁錮)를 당하고 있음은 실로 친친지의(親親之誼)가 어그러져 있는 것입니다"라고 하였다. 중종은 1519년(중종 14년)에 이를 옳게 여기어 자손에게 3세 승습(承襲)의 명을 내리고 관작을 봉하였다. 〈금성대군 파종회장 이양희〉

세종이 가장 사랑한, 영응대군

영응대군(1434~1467년)은 세종의 제8남으로 어머니는 소헌왕후다. 성품이 공손하여 어른에게 경순(敬順)하고 다른 사람에게는 다정하게 하였다. 세종대왕은 대군을 총애하여 모든 왕자들이 궁중에서 주상을 진상(進上)이라 불렀는데 대군에게는 "너는 나이 15세 이전에는 나를 아버지라 부르라"고 하였다. 세종은 5세이던 공을 즐겁게 해 주기 위해 인형(人形)을 새긴 영등(影燈)을 만들어 주었으나 불꽃이 인형에 닿자 곧 타버리게 되었다. 이에 공은 영등을 끄라고 하자 세종이 연유를 물으니 "사람이 상할까 해서입니다"라고 했다. 세종이 승하하자 대군은 애훼(哀毁)함이 지나쳤다. 문종은 내탕(乃帑)을 기울여 대군의 집으로 보내기도 했다. 대군은 글씨와 그림에 능하고 음률(音律)에도 통달했다. 1463년(세조 9년)에 명황계감(明皇誡鑑)의 가사를 한글로 번역했다. 배위는 춘성부부인 해주 정씨로 이조판서 증 좌의정 충경의 딸과 대방부부인 여산 송씨로 좌의정 복원의 딸, 그리고 연성부부인 연안 김씨로 목사 영철의 딸이다. 해주 정씨의 소생은 없었고, 여산 송씨는 길안현주1녀를 낳았는데 지돈녕 정국공신 능성군 수영에게 출가하였다. 연성부부인은 청풍군 1남과 2녀를 두었다. 〈영응대군 파종회〉

훈민정음 기여한, 화의군

화의군(1425~1460년)은 세종대왕과 영빈 강씨 사이의 1남이다. 휘는 영(瓔)이고 자는 양지(良之)이며 시호는 충경(忠景)이다. 어머니는 영빈 진주 강씨다. 1433년(세종 15년) 화의군에 책봉되고 1436년(세종 18) 군부인 밀양박씨 중손(仲孫)의 딸을 부인으로 맞았다. 같은 해 4월에 성균관에 입학하였다. 5, 6세에 벌써 용감하고 민첩함이 뛰어나고 또 글을 잘하였다. 자라면서 부모를 섬기고 임금께 진충하려는 뜻이 깊어서 일찍이 시를 지어 말하기를 "사람이 이 세상을 살아감에 있어서 충과 효가 가장 중요하니, 충하면 나라가 보전되고 효하면 능히 세상을 바로잡을 수 있다"고 했다. 항상 형제들과 대화로 우애와 화목에 힘쓰니 사람들이 모두 흠모하였다.

세종도 화의군의 재능과 뛰어난 성품을 보고 훈민정음을 만드는 데 협력하게 하였다. 1455년 단종 복위 거사가 일어났을 때 세조가 화의군에게 묻기를 "성삼문을 파직 처리함이 옳지 않으냐"는 물음에 화의군은 묵묵부답했다. 이로써 익산군 금산(錦山)에 어머니와 함께 유배되었다. 1457년(세조 2년) 금성대군의 거사가 발각되자 '한번 죽으리라'는 결심을 마음속에 굳게 정하고 정인지 등의 헐뜯는 상소로 말미암아 모자가 함께 1460년(세조 6년) 유배지에서 사사되었다. 멍석말이인 고장(藁葬)의 명을 세조에게 받은 후 익산감에게 기왕에 죽을 몸이므로 유훈(遺訓) 하기를 "나는 비록 백이숙제(伯夷叔齊)만 못하지만 백이숙제의 마음이 있으니 서산(西山)에 나를 장사지내 주시오"라고 하였다. 〈화의군 파종회장 이선성〉

세조등극 공신, 계양군

계양군(1427~1464년)은 자가 현지(顯之)이고, 어머니는 신빈 김씨다. 어머니는 신빈 김씨다. 계양군의 배위는 좌의정 한확의 딸로 세조의 장남 도원군과는 동서다. 세조와 가까웠고, 세종의 총애가 지극했다. 학문을 즐기고 특히 글씨를 잘 썼다. 세조가 즉위하는데 한 몫을 했으며 그 공으로 1455년(세조 1년) 좌익공신 1등이 된 후로부터 세조의 측근에서 서무(庶務)의 출납을 맡아 신임을 얻었다. 1460년(세조 6년) 세자가 혼인할 때 가례도감(嘉禮都監) 제조(提調)를 겸했다. 시호는 충소다. 계양군은 영원군, 강양군, 부림군, 방산수 아들을 두었는데 차남 강양군은 막내 숙부 담양군에게 양자로 갔다. 장남 영원군은 아들이 없어 셋째 아우 부림군의 차남 도안군을 양자로 맞이했다. 이 도안군이 문천정과 평양령을 낳아 큰 집을 이루었다. 그리고 부림군의 장남 회안부정은 외아들 덕양부수를 두었고 덕양부수는 말손 희손 두 아들을 두었으나 손자대에서 무후(無后)했다. 또 방산수는 당대에서 후사가 없어 후손이 끊겼다. 그리고 도안군의 차남 평양령도 후손이 없어 결국 문천정 손만

이 펴져 나갔다. 〈계양군 파종회장 이병학〉

단종복위 운동, 의창군

의창군(1428~1460년)은 세종과 신빈 김씨 사이의 왕자다. 1456년(세조 2년) 단종 복위에 연루되어 도성을 떠나 지리산으로 피신, 은거하여 암자와 사찰을 전전했다. 1460년(세조 6년)에 병을 얻어 급거 귀경, 그해 10월 2일 33세로 별세하였다. 당시 신빈 모후의 지극한 보살핌으로 큰 화는 면하고 장례도 예장(禮葬)으로 치렀다. 사산군 독자만 두고 일찍 별세하여 후손이 크게 번창하지 못했다. 1592년(선조 25년) 임진왜란을 당하여 공의 5세 담년(聃年)과 6세 적(績) 등 종손 부자가 순절하는 비운을 맞으니 차손으로 종계를 이어가게 되었다.

벼슬길에는 크게 오르지 못하다가 지파 중 공의 7세손 갱생(更生)으로부터 4대에 걸쳐 벼슬을 하였다. 그들은 도승지 갱생 이조참판 명하(鳴夏) 7도관찰사 및 예조참판 사영(思泳) 진사 천기(天紀) 등이다. 연산(連山)으로 낙향한 원생의 3대손 후기가 진사 행 가선대부 동지중추부사 겸 절충장군 행 용양위 부호군을 지냈다. 원생의 4대손 덕춘이 행 가선대부 호조참판을 지낸 공적으로 충남 공주시 유구면과 신풍면 일대에 사패지지를 왕가의 후예답게 유지했다. 1919년 3 · 1운동 당시에는 원생의 10대손 우상이 고종태황제 인산에 참여하여 학생들로부터 독립선언문을 전수받아 호서지방에서는 선봉으로 3월 14일에 유구만세운동을 선도해서 옥고를 치렀다. 〈의창군 파종회장 이낙천〉

육종영의 충절, 한남군

한남군(1429~1459년)은 세종과 혜빈 양씨 소생이다. 1455년(세조 1년)에 단종선위시 혜빈 양씨와 그의 소생인 한남군, 수춘군, 영풍군 등이 피화(被禍)를 당했다. 또 자손이 종친록 유부록에서 삭제되어 79년 후인 1534년(중종 29년)에야 복원되었다. 사람들로부터 육종영으로 추앙 받았다. 한남군은 유배지인 함양 배소에서 순절하였다. 1713년(숙종 39년) 4월에 8대손 서규가 임금께 두 번 상소를 하여 사시(賜諡) 봉묘(奉墓)의 은전을 입었다. 석물(石物) 대금으로 정목(正木) 25필과 쌀 5석을 받았으나 물력이 극히 가난하여 자손이 능력에 따라 추렴을 하여서 1714년 12월 6일에 역사를 시작하였다. 돌은 군북(郡北) 북천면 백암동에서 다듬어 이듬해 1월 15일에 산소수축역사를 거행하여 3월 15일에 낙성을 고하는 제사를 봉행하였다. 석재를 뜨는 광부가 780여 명이며 돌을 끌어 운석하는 승군(僧軍)이 860여 명이었다. 1459년(세조 5)부터 256년 만에 비로소 묘역을 정성들여 봉축하였다. 한남군의 신위를 모신 곳은 장릉(莊陵) 충신 상단(忠臣上壇), 공주 동학사 숙모전(肅慕殿), 충북 청원군의 죽계서원(竹溪書院), 포천군 소흘읍의 충목단(忠穆壇), 경남 함양의 송호서원(松湖書院) 등 다섯 곳이다. 충주 용관동에 한남군 사당을 모시고 있다. 묘소는 경상남도 함양군 함양읍 교산리 755-2번지에 있으며 경상남도지정 기념물 제165호이다. 〈한남군 파종회장 이창성〉

조선 최고 명문가 이룬, 밀성군

밀성군(1430~1479년)은 세종과 신빈 김씨 소생이다. 세조가 등극하기 전부터 친분이 두터웠다. 즉위 후에는 정국을 자문하는 등 국정에 참여하였다. 1467년(세조 13년)에 의금부 도위관을 지냈다. 예종 때에는 임관을 마다 하였고, 성종은 공의 많은 공을 인정하여 2등 공신에 책훈하였다. 밀성군의 장남 운산군은 연산군을 폐위시키고 중종을 옹립한 중종반정에 참여하였다. 밀성군 6대손인 경여는 병자호란 때 강화를 극력 반대하며 도성사수를 진언했다. 왕을 남한산성으로 호종하는 등 척화파로서 두 차례의 억류와 유배 및 강등을 당하는 등 갖은 풍상을 겪으면서도 북벌계획에 힘을 다하였다.

숙종 때에 노론4대가인 이명은 기사사화 정쟁으로 유배와 복직의 세월을 거치면서 한시대의 정국을 이끌었다. 노론4대신인 건명 또한 정국을 이끌다 유배되어 참혹한 죽음을 맞았다. 밀성군 자손들은 광해군의 실정과 인조반정, 연산군의 음학과 중종반정, 숙종 때의 격랑 등에서 정국을 이끌면서 종묘사직을 수호했다. 또한 일제치하에서는 창호 건호 중각 등이 독립운동에 헌신했다. 〈밀성군 파종회장 이윤주〉

뜻을 펴지 못한, 수춘군

수춘군(1431~1455년)은 세종과 혜빈 양씨 소생이다. 1437년(세종 19년) 12월 8일 수춘군으로 봉군하였다. 1443년(세종 25) 3월 1일 세종대왕이 왕비와 더불어 충청도 온양 온천에 거둥하면서 수춘군에게 궁궐을 살펴 상언(上言)하도록 하였다. 효성이 지극한 수춘군은

환후 중인 임금에게 손수 시탕(侍湯)에 정성을 다했다. 부왕이 기특하게 여겨 많은 상을 하사하였다. 수춘군은 금성대군과 가까웠다 일찍이 병이 드니 어머니 혜빈 양씨의 희망대로 금성대군 집에서 치료를 받았다. 1455년(단종 3년) 5월 10일 금성대군이 수춘군에게 "병이 다 나았으므로 준다"며 말을 선물했다. 이때 수춘군은 수양대군에게 불만을 품고 말했다. "안평대군과 금성대군 계양군과 결탁하여 어머니 혜빈으로 하여금 궁중에 있으면서 모든 일을 총괄해 다스리기로 의논이 되었습니다. 금성대군이 인정이 많아 널리 인심을 얻었고 또 안으로는 궁중과 결탁하고 밖으로는 대신들과 연결을 맺었으니 두려울 게 무엇이 있겠습니까. 수양대군이 비록 엄중하고 명철하지만 빈객(賓客)이 없고 고립하여 돕는 자가 없으니 이는 한낱 필부(匹夫)에 지나지 않습니다."고 하였다. 1455년(단종 3년) 6월 5일 수춘군이 금성대군 저택에서 별세했다. 백관들이 홍례문 밖에서 거애(擧哀)하고 조회와 시장을 3일간 정지하였다. 〈수춘군 파종회장 이천주〉

왕권강화 힘쓴, 익현군

익현군(1431~1463년)은 세종과 신빈 김씨 소생이다. 휘는 관(王運)이며 자는 광지(光之), 시호는 충성(忠成)이다. 어려서부터 자질이 범상치 않아 학문이 출중하니, 세종이 총애하여 1437년(세종 19년) 7세에

익현군에 봉하였다. 1455년 세조 등극 때 계양군과 같이 공을 세워 공신열에 들었다. 수충위사 동덕 좌익 1등공신이 되었으며, 임금은 `단서철권(丹書鐵券)'과 `토전장획(土田藏獲)'을 주고 총애하였다. 배위는 평양 조씨로 첨지중추원사 찬성 철산의 딸로 김제군부인에 봉해졌고, 1남 1녀를 두었다. 아들 지는 괴산군에 봉해졌다. 괴산군이 후사가 없었으나 김제군부인의 회갑 때에 의창군 공의 손 사산군의 차남 해를 입계하여 화산군에 봉했다. 화산군은 사직령 송호 딸인 여흥현부인과의 사이에 3남 1녀를 두었다. 장남은 성안정 정이며 차남은 달성도정 제이고, 3남은 풍성령 지이다.

춘추 33세로 요절했다. 세조가 애통해하며 식사를 폐하고 3일간 조회를 폐하였다. 부의와 예전을 예에 넘치게 하였다. 묘역 근처 많은 사패지지와 불천지위 사우를 중건하여 하사했다. 경기도 남양주시 진건면 용정4리 지사동에 예장하였다. 〈익현군 파종회장 이목춘〉

순충사절, 영풍군

영풍군(1434~1457년)은 세종과 혜빈 양씨 소생이다. 1441년(세종 23년) 7월에 세손(후의 단종)이 태어났으나 얼마 되지 않아 모후인 현덕왕후가 승하하니 혜빈 양씨가 유모가 되어 양육하였다. 1452년(문종 2년)에 단종이 12세에 왕위에 올랐다. 사육신의 단종 복위운동 때 참여하였다가 어머니와 함께 화를 입어 함께 순충사절(殉忠死節)하였다. 공의 나이 23세였다. 묘소는 경기도 고양시 덕양구 대자동에 있었으나 세월이 오래 되어 없어졌고 사위(祠位)는 수진궁에 있었으나 자손이 잔약하여 향사를 못하였다. 숙종 때에 신원되어 장릉 충신단에 배향되었고 1791년(정조 15년) 2월에 '정렬(貞烈)'이라는 시호를 받았다. 현록대부 겸 오위도총부 도총관이라는 품계가 내려졌다.

배위는 군부인 순천 박씨로 이조판서 박팽년의 딸이다. 1녀를 낳아 만호 이양손에게 혼인시켰으나 공을 따라 함께 별세하였다. 계자에 양녕대군 손자 취성군 빈, 계림군 탄, 하계군 진이 있다. 이들은 아들 손자 증손으로 기록되어 전해지고 있고, 나머지는 기록이 없다. 전해져 오던 문헌들은 여러 번의 병란을 겪으며 모두 소실되었다. 남은 것은 단종 때의 기록 몇 가지 뿐이라, 공이 모자가 함께 희생되었던 충절은 알려지지 않았다. 1872년(고종 9년)에는 공의 적중증손(嫡衆曾孫)에게 봉작 봉군(奉君)하여 승전(承傳)케 하였다. 고종은 갑자보(甲子譜)에 특명으로 계양군 10대손 정화로 하여금 봉사케 하였고, 이후 영풍군의 후손이 봉사하고 있다. 〈영풍군 파종회장 이춘배〉

큰 마음의, 영해군

영해군(1435~1477년)은 세종과 신빈 김씨 소생이다. 어렸을 때부터 너그러웠다. 자라면서는 덕의와 절의가 있어 스승과 공부할 때는 화려함을 기뻐하지 않았다. 후손들에게 관인대도(寬仁大道)와 검소질박(儉素質朴)의 본을 보여 주었다. 평산 신씨를 부인으로 맞아 영춘군 길안도정 2남과 딸 하나를 두었다. 43세에 별세하였으며 나라에서는 안도

(安悼)라는 시호를 내렸다. 묘소는 서울 도봉산 무수동에 있고 전북 남원시 사매면 대신리 소덕사(昭德祠)에 위패를 모셨다. 소덕사에서는 해마다 음력 5월 5일 기신제를 지내고 있다. 사당명은 공의 관계(官階)가 소덕대부(昭德大夫)이기 때문에 소덕사라고 일컫게 되었다.

장남 영춘군은 부친의 인덕을 바탕으로 효행이 지극해 왕실의 은총을 받았다. 영춘군의 차남

강녕군은 알뜰하게 가꿔진 꽃밭과 정결한 집을 가졌었는데 연산군의 내폐(內嬖)가 이 집을 탐내어 빼앗고자 했다. 그러나 강녕군은 불응하자 내폐의 고자질로 연산군은 크게 노해 주인과 가노를 붙잡아 가두고 문초했다. 이런 연유로 강녕군 부자와 여러 형제는 남해 섬으로 귀양살이를 갔다. 중종반정으로 관작이 회복되었다. 중종은 특별히 정국원종공신으로 공훈록과 비문에 그 사적을 표기케 하고 삼강행실록에도 기록토록 했다. 〈영해군 파종회장 이주화〉

못다 핀 꽃, 담양군

담양군(1439~1450년)은 세종의 18왕자로 어머니는 신빈 김씨다. 1450년(세종 32)년에 부왕이 승하하였을 때에 공이 몸부림치며 애통해 함이 성인에 못지 않더니 너무 슬퍼해서 몸을 상하여 일찍 세상을 떠났다. 문종이 이를 애석하게 여겨 장지(葬地)를 명하여 내려주었다. 세조 때에는 형인 계양군의 차남 강양군으로 후사를 잇도록 하였다. 묘소는 경기도 파주시 파평면 금파리 파평산 서쪽 기슭 을좌이다. 비갈이

있고 전면에 부조묘가 있으며 태봉은 경북 성주 선석산에 있다. 공의 계자인 강양군의 휘는 숙이다. 세조 때에 특별히 금헌이란 호가 내려졌으며 초수는 정(正)이었으며 흥록대부이다.

강양군은 5남 4녀를 두었다. 현부인 양천 허씨는 안악군수 준의 딸로 후사가 없었다. 배위 대원 김씨는 아들 셋을 낳았다. 장남은 영평정 보이며 가선대부이다. 차남은 희안군 집으로 초수는 창선대부였으나 현록대부로 증직되었다. 3남은 예안군 헌으로 정의대부이다. 또 한분의 배위께서 두 아들을 낳았다. 장남은 양평부수 굉이고, 차남은 함창부수 함이다. 공의 4세손 순천군 관은 창선대부 정이다. 종반공자(宗班公子)로 충효정려를 받았으며 그의 행적은 해동명신록에 올라 있다. 5세손 완창부원군 성중은 임진왜란 때 호조판서를 역임하였다. 호성선무원종 1등공신에 책록되었으며 영의정 완창부원군에 증직되었다. 〈담양군 파 종회〉

세종대왕 자녀교육법

초판 1쇄 발행 2019년 4월 5일

지은이 이상주
펴낸이 방영배
펴낸곳 다음생각

주소 경기도 파주시 회동길 495-1
전화 031-955-9102 **팩스** 031-955-9103 **이메일** nt21@hanmail.net

출판등록 2009년 10월 6일 제406-251002009000124호.
ISBN 978-89-98035-51-8 (03370)

* 책값은 표지 뒤쪽에 있습니다.
* 파본은 본사와 구입하신 서점에서 교환해드립니다.